Heinz-Dieter Neef

Das Koheletbuch heute lesen

TVZ

bibel **heute lesen**

Die Bibel als geselliges Buch heute lesen, Klaus Bäumlin, Zürich 2025

Die Urgeschichte (Genesis 1–11) heute lesen, Klaus Bäumlin, Zürich 2021

Das Exodusbuch heute lesen, Konrad Schmid, Zürich 2023

Das Richterbuch heute lesen, Heinz-Dieter Neef, Zürich 2023

Die Samuelbücher heute lesen, Walter Dietrich, Zürich 2022

Das Jesajabuch heute lesen, Andreas Schüle, Zürich 2023

Das Amosbuch heute lesen, Dirk Sager, Zürich 2025

Das Jonabuch heute lesen, Benedikt Hensel, Zürich 2025

Das Nahumbuch heute lesen, Nesina Grütter, Zürich 2024

Das Habakukbuch heute lesen, Thomas Staubli, Zürich 2026

Das Markusevangelium heute lesen, Klaus Bäumlin, Zürich 2019

Das Johannesevangelium heute lesen, Michael Heymel, Zürich 2020

Das Unservater heute lesen, Jean Zumstein, Zürich 2023

Den Philipperbrief heute lesen, Karl-Siegfried Melzer, Zürich 2026

Den 1. Johannesbrief heute lesen, Karl-Siegfried Melzer, Zürich 2021

Die Johannesoffenbarung heute lesen, Michael Heymel, Zürich 2018

Heinz-Dieter Neef

Das Koheletbuch heute lesen

TVZ
Theologischer Verlag Zürich

Der Theologische Verlag Zürich wird vom Bundesamt für Kultur für die Jahre 2026–2028 mit einem Strukturbeitrag unterstützt.

Bibliografische Information der Deutschen Nationalbibliothek
Die Deutsche Nationalbibliothek verzeichnet diese Publikation in der Deutschen Nationalbibliografie; detaillierte bibliografische Daten sind im Internet über http://dnb.dnb.de abrufbar.

Umschlaggestaltung
Simone Ackermann, Zürich
Unter Verwendung des Bilds «Das menschliche Streben nach Weisheit» (1723–1727), Deckengemälde im Theologischen Bibliothekssaal des Kloster Strahow, Prag, zu Kohelet 3,11, Bildarchiv Foto Marburg / Foto: Rudolf Schulze-Marburg

Druck
gapp print, Wangen im Allgäu

ISBN 978-3-290-18785-9 (Print)
ISBN 978-3-290-18786-6 (E-Book)

www.tvz-verlag.ch

Inhalt

amicis

Einleitung

Der Name Prediger/Kohelet

Der Name Kohelet begegnet in dem gleichnamigen alttestamentlichen Buch mehrfach (Koh 1,1.2.12; 7,27; 12,8.9.10). Lässt sich etwas über die Bedeutung des Namens Kohelet herausfinden? Von seiner grammatischen Form her muss der Name als ein feminines Partizip im Singular bestimmt werden. Da er Kohelet 1,2 und 12,8.9 mit einem Verb im Maskulinum konstruiert und in Kohelet 1,1 vom «Sohn Davids» gesprochen wird, bezeichnet dieses feminine Partizip zweifelsfrei einen Mann. Die feminine Form lässt sich von ihrer Bedeutung her als Funktions- bzw. Berufsname verstehen. Im Buch Esra werden in Esra 2,55 das «Schreiberamt/Sophereth» (*hassofärät*) und in Esra 2,57 das «Gazellenpflegeramt/Pochereth» (*pochärät)* in gleicher Form wie «Kohelet» genannt. Mit der Endung *-ärät/-eret* werden offenkundig die Inhaber von Ämtern beschrieben. Diese Namen des Esra-Buchs sind ebenfalls als feminine Partizipien zu verstehen. Von daher kann man annehmen, dass auch der Name Kohelet ursprünglich einen Beruf bezeichnete.

Aber kann man den Namen noch weiter präzisieren? Ihm liegt die hebräische Verbalwurzel *qhl* zugrunde, die man mit «sich versammeln» (*Nif^c^al*) bzw. mit «jemanden versammeln» (*Hif^c^il*) übersetzen kann. Folglich kann man «Kohelet» als einen Versammlungsleiter oder Redner deuten. In diese Richtung gehen auch die Übersetzungen in der Septuaginta, der griechischen Fassung des Alten Testaments, die «Kohelet» mit *«ekklesiates»*, d. h. als Angehöriger der *«ekklesia»*, der «Versammlung» bzw. «Glaubensgemeinschaft» versteht. Der Kirchenvater Hieronymus gibt «Kohelet» lateinisch mit *«contionator»*, d. h. «Volksredner» wieder. Die mit *qhl* gebildete Verbalwurzel kann unterschiedliche Gruppen bezeichnen: eine zum Krieg versammelte Gemeinschaft; eine Gerichtsgemeinde, eine Kultgemeinde, eine «Rotte von Übertätern» (Ps 22,17). Nach dem Buch Jesus Sirach ragen Weise und Schreiber in der Volksversammlung heraus. Sie werden befragt, sitzen auf dem Richterstuhl, zeigen die Lehre an und fällen auch Urteile (Sir 37,19–24). Mit Blick auf das Buch des Predigers, Kohelet, ist dieser letzte Aspekt wahrscheinlich. Man kann sich den Prediger als einen theologischen Lehrer vorstellen, der von Gemeinde zu Gemeinde zog, seine Lehre vortrug und die Gemeinden bei theologischen Fragen und Urteilen unterstützte. Vielleicht wurde er dabei von den Gemeinden auch finanziell unterstützt. Es ist gut denkbar, dass er einen kleinen Kreis von Schülern um sich hatte.

Nach Kohelet 1,12 identifiziert sich Kohelet mit dem König Salomo, der als *der* Weisheitskönig und reiche König schlechthin gilt (1Kön 5,2–14; 10f). Mit der Wendung «da nahm ich mir (immer wieder) vor» (Koh 1,13a) und den beiden Verben «suchen» (*drš*) und «auskundschaften» (*twr*) wird die Erfahrung Kohelets angesprochen: Er blickt als der Weise auf seine Lebenserfahrungen zurück. Er präzisiert diese als «unter dem Himmel», womit er die Wendung «unter der Sonne» (Koh 1,3.9) leicht variiert.

Ben Shahn (1898–1969), Ecclesiates or The Preacher, 1970

In vielen Bibelausgaben wird «Kohelet» mit «Prediger» übersetzt. Ich verwende hingegen, wie die Zürcher Bibel auch, den Namen «Kohelet».

Gliederung des Koheletbuchs

Das Koheletbuch lässt sich wie folgt gliedern:

1,1: Es wird eingeleitet mit dem Hinweis auf die Worte Kohelets, der als «Sohn Davids» und als «König in Jerusalem» tituliert wird.

1,2; 12,8.: Die beiden Verse können als «Prolog/Motto» bezeichnet werden. In 1,2; 12,8 wird das Motto bzw. die Grundaussage des Buchs am Anfang und Ende festgehalten: «Alles ist Windhauch» (eigene Übersetzung) oder «Alles ist nichtig und flüchtig/umsonst» (Zürcher Bibel).

1,3 – 4,16: Der erste grössere Block kann mit «Weisheit und Tod I» überschrieben werden. 1,3–11 Es gibt nichts Neues unter der Sonne; 1,12–15 Kohelets Selbstvorstellung und Aufgabe; 1,16–18 Der Vorzug der Weisheit; 2,1–11 Der materielle Lebensgenuss; 2,12–17 Leben angesichts des Todes; 2,18–23 Die eigene Arbeit und der Erbe; 2,24–26 Die Gegenwart des Genusses; 3,1–15 Alles hat seine Zeit; 3,16–22 Das Unrecht unter der Sonne; 4,1–3 Die Tränen der Unterdrückten; 4,4–12 Die menschliche Arbeit und Gemeinschaft; 4,13–16 Der König und die Armen

4,17 – 7,14: Dieser Abschnitt handelt vom «Leben in der Welt I». 4,17 – 5,6 Das richtige fromme Leben; 5,7f Das Unrecht im Staat;

5,9 – 6,9 Die Nichtigkeit des Reichtums; 6,10–12 Die Determination der Welt; 7,1–14 Beantwortung der Frage: «Was ist gut?»

7,15 – 10,3 führt mit dem Thema «Weisheit und Tod II» dasjenige von 1,3 – 4,16 weiter. 7,15–22 Gegen die Selbstgerechtigkeit; 7,23f Die Unfassbarkeit der Weisheit; 7,25–29 Die fremde Frau; 8,1–9 Herrscher und Untertan; 8,10–15 Die Ungerechtigkeit der Welt; 8,16 – 9,12 Die Frage nach dem Tun Gottes; 9,13 – 10,3 Die Zerbrechlichkeit der Weisheit.

10,4–20: In diesem Abschnitt werden Einzelsprüche mit unterschiedlichen Themen aufgelistet.

11,1–6 und 11,7 – 12,7 «Leben in der Welt II»: Es geht hier um die rechte Tätigkeit und den Hinweis auf die Lebensfreude.
12,8: Der letzte Vers des Buchs nimmt das Motto von 1,2 wieder auf und rundet mit ihm das Buch inhaltlich ab.

12,9–11.12–14: Diese Verse des Buchs werden klar als Nachworte gekennzeichnet. Das erste Nachwort V. 9–11 bezieht sich auf Kohelet und seine Tätigkeit als Weiser und Prediger. Das zweite Nachwort V. 12–14 rühmt die Freiheit Gottes.

Die überlegte Gliederung des Buchs zeigt sich deutlich in 1,3 – 3,15. Hier zieht sich als roter Faden die Frage nach dem Gewinn des Menschen (1,3; 2,11; 3,9) sowie der Hinweis Kohelets auf das, was «unter der Sonne» (1,3; 2,11.22) ist, hindurch. Kohelets Stilmittel besteht darin, bereits Gesagtes aufzunehmen und so zu vertiefen: 1,9f = 3,15; 1,13 = 3,10; 1,17 = 2,12f. Darüber hinaus lassen sich folgende Entsprechungen beobachten:

1,4–11 Es gibt nichts Neues unter der Sonne

1,12–15 Kohelets Selbstvorstellung und Aufgabe

1,16–18 Der Vorzug der Weisheit?

2,1f Freude und Lachen?

2,3–11 Weisheit?

2,12–23 Der Vorzug der Weisheit?

2,24 – 3,13 Kohelets Aufgabe

3,14f Es gibt nichts Neues

In 1,4–11 und 3,14f betont Kohelet, dass der Mensch sich immer nur vergeblich abmüht; diese Erkenntnis wird in 3,14f von Gott her formuliert; in 1,12–15 und 2,24 – 3,13 geht es um die «böse Mühe» des Strebens nach Erkenntnis; in 1,16–18 und 2,12–23 bilanziert Kohelet nüchtern, dass viel Wissen nur viel Kummer erzeugt; in 2,1f und 2,3–11 zeigt Kohelet die Grenzen persönlicher Erfahrungen und der Weisheit auf.

Gattungen

Das Buch Kohelet wird durch zahlreiche unterschiedliche Gattungen gekennzeichnet. Es setzt in Kohelet 1,3 mit einem Fragesatz ein: «Welchen (*ma*) Gewinn hat der Mensch …?» (eigene Übersetzung). Die Gattung der «Fragen» begegnet 32-mal im Buch und bilden somit ein wesentliches Kennzeichnen seines Stils (vgl. u.a. Koh 2,19: «Wer (*mî*) weiss, ob es ein Weiser oder ein Tor sein wird?»; Koh 2,22: «Was (*mä*) hat denn der Mensch …?»).

Kohelet liebt Vergleiche: «Und ich sah, dass die Weisheit mehr Gewinn bringt als die Torheit, wie (*k*ᵉ) das Licht mehr Gewinn bringt als die Dunkelheit.» (Koh 2,13). «Wie (k^e) dem Toren kann es auch mir ergehen» (Koh 2,15). Weitere Beispiele finden sich u.a. Kohelet 3,19; 5,14f; 6,12. Alles in allem finden sich 14 Vergleiche im Buch.

Mahnworte gehören zum festen Bestandteil des Stils: «Sei nicht vorschnell mit deinem Mund, und dein Herz übereile sich nicht, etwas vor Gott zu bringen» (Koh 5,1); «Lass nicht zu, dass dein Mund dich in Schuld bringt» (Koh 5,5). Mahnworte finden sich 29-mal im Buch.

«Besser … als»: Diese Sprüche gibt es 29-mal im Buch: «Besser eine Hand voll Ruhe als beide Hände voll Mühe …» (Koh 4,6). «Besser, in ein Haus zu gehen, wo man trauert, als in ein Haus zu gehen, wo man feiert …» (Koh 7,2). Im Hebräischen spricht man von den sogenannten *tôb – min* (*comparativum*) Sprüchen. Es geht in diesen Sprüchen um die Alltagsweisheit, die Klugheit sowie den Tod des Menschen.

Kohelet verwendet insgesamt 29 Sprichwörter, zum Beispiel: «Was krumm ist, kann nicht gerade werden, und was fehlt, kann man nicht zählen» (Koh 1,15). «Denn mit viel Weisheit kommt viel Verdruss, und wer mehr erkennt, hat mehr zu leiden» (Koh 1,18). – Ein Sprichwort ist an folgenden Elementen erkennbar: Man versteht es auch ohne den Kontext; es enthält in sich eine Botschaft, die nach mehreren Seiten offen ist. – Im Koheletbuch sind von den 29 Sprichwörtern insgesamt 18 Doppelsprichwörter. Kohelet spricht hier unterschiedliche Bereiche des täglichen Lebens an: Haus und Hof, Leben in der Gemeinschaft, Faulheit, Reichtum und Arbeit.

In die Nähe der Sprichwörter kommen die sogenannten Kunstsprüche: «Der Weise hat Augen im Kopf, aber der Tor tappt im Dunkeln» (Koh 2,14a). «Wer das Geld liebt, wird des Geldes nie satt. Und wer liebt Reichtum ohne Ertrag? Auch das ist nichtig» (Koh 5,9). – Die Kunstsprüche sind im Unterschied zum Sprichwort durch den Bezug der Vershälften (*Parallelismus membrorum*) länger gestaltet; inhaltlich geht es um bestimmte Situationen und weisheitliche Aussagen.

Sprache

Das Buch Kohelet zeichnet sich durch eine charakteristische Sprache aus. So finden sich im Buch zahlreiche sogenannte Aramaismen, d. h. aus der aramäischen Sprache stammende Vokabeln: «Provinz» (*m^{e}dînâ*); «herrschen» (*šlṭ* – vgl. das Wort «Sultan»); «Zeit» (*z^{e}man*); «Deutung» (*pešär*). – Es finden sich zudem zwei persische Lehnwörter: «Baumgarten» (Koh 2,5) (*pardes* – vgl. das Wort *«Paradies»*); «Urteil, Botschaft» (Koh 8,11) (*pitgâm*). – Kohelet verwendet oft die gleichen Vokabeln. Als Lieblingsvokabeln erscheinen bei ihm z. B.: «weise sein» (51-mal, *ḥkm*); «gut/gut sein» (51-mal, *ṭôb*); «Zeit» (40-mal, *^{c}et*); «Windhauch» (38-mal, *häbäl*); «erkennen» (37-mal, *jd^c*); Mühsal/sich abmühen (34-mal, *^{c}ml*); «sehen» (30-mal, *r'h*). Und 27-mal erscheint die Wendung «unter der Sonne». – Im Koheletbuch finden sich zudem Vokabeln, die im Alten Testament nur in diesem Buch begegnen: «feiern» (*bṭl*); «Nagel» (*drbn*); «Grube» (*gwmṣ*); «arm» (*misken*).

Diese Sprachbeobachtungen lassen den Schluss zu, dass sich im Koheletbuch ein im Vergleich zum klassischen Hebräisch junges, nachexilisches Hebräisch findet.

Abfassungszeit

Kohelet gehört zu den jüngeren Büchern des Alten Testaments. Eine vorexilische Entstehung ist so gut wie ausgeschlossen. Dafür spricht vor allem die im Buch greifbare Eigenart des Hebräischen. Zu nennen sind die vielen aramäischen Vokabeln und die beiden persischen Lehnwörter. Ebenso spricht u. a. die häufige Verwendung von Partizipien für ein jüngeres Stadium des Hebräischen.

Relativ sicher ist die Bestimmung des Zeitpunkts, nach dem eine Entstehung des Buchs unwahrscheinlich ist. Hierbei ist ein Fragment des Buchs aus Qumran heranzuziehen. Nach dem Qumran-Forscher Muilenburg (20–28) ist es aus paläografischen, d. h. die alten Schriften betreffenden Gründen, etwa in das Jahr 150 v. Chr. zu datieren. Der Qumran-Gemeinde war also der Text des Buchs bekannt, von daher ist die Abfassung nach 200 v. Chr. wohl ausgeschlossen.

Etwas schwieriger ist die Bestimmung des Anfangspunkts der Datierung, der sogenannte *terminus a quo.* Da das Buch sich intensiv mit den Weisheitstraditionen und wohl auch der hellenistischen Philosophie auseinandersetzt, scheint die Niederschrift des Buchs im 3. Jh. v. Chr. durchaus möglich. So kann man die Entstehung des Koheletbuchs zwischen 300/250 v. Chr. und 200 v. Chr. ansetzen.

Abfassungsort

In der älteren Literatur zu Kohelet finden sich Überlegungen zu einem nichtisraelitischem Abfassungsort. So geht Dahood davon aus, Kohelet sei der Bewohner einer phönizischen Küstenstadt.

Er begründet dies sprachlich: die Orthografie und grammatischen Besonderheiten des Buchs verrieten phönizischen Einfluss. Das grosse Wissen Kohelets von wirtschaftlichen Gegebenheiten zeige, was bei einer phönizischen Stadt gegeben sei. Nach Volz wirkte Kohelet in Ägypten, und zwar in Alexandria als der damaligen Weltkulturhauptstadt. Dafür spreche die Weite des Horizonts und die Stimmung des Buchs. Der Verfasser lebe also in einer Grossstadt und deshalb komme nur Alexandria infrage. Diese Lokalisierungen sind eher vage und haben deshalb in der Forschung wenig Anklang gefunden.

In der jüngeren Literatur geht man in der Regel von Jerusalem als Abfassungsort aus. So begründet Hertzberg (114) dies u.a. überzeugend mit dem palästinischen Kolorit des Buchs (Koh 1,6 «Der Wind weht gen Süden, er kreist gen Norden, immerfort kreisend weht der Wind, und in seinem Kreislauf kehrt er zurück.») In das regenarme Ägypten würde ein Satz wie Kohelet 11,3a nicht passen: «Wenn die Wolken schwer sind, giessen sie Regen auf die Erde». Die beschriebenen Windverhältnisse fügen sich sehr gut zu Palästina: immerfort kreisend; kein Mensch hat Gewalt über den Wind; du weisst nicht, wohin der Wind weht (Koh 1,6; 8,8; 11,5). Ebenso stimmt Kohelet 2,4–6 mit den Begebenheiten des Landes als bekanntes Weinland überein: «Ich pflanzte mir Weinberge». In Kohelet 9,7f erscheinen Brot, Wein und Öl ebenso wie in Psalm 104,14f als alltägliche Produkte des Landes. Palästina ist ein an Steinen reiches Land, das findet sich auch im Buch Kohelet (Koh 3,5b). Und es werden die für Palästina charakteristischen Pflanzen, der Mandelbaum und die Kaper, genannt (Koh 12,5). Nicht zuletzt fügt sich eine Notiz zur Wassergewinnung gut in palästinische Verhältnisse ein, wo das Wasser entweder aus Quellen und Grundwasserbrunnen oder aus Zisternen genommen wird (Koh 12,6).

Die guten Kenntnisse Kohelets der israelitischen Weisheits- und Schöpfungstraditionen sprechen ebenfalls für Palästina als Abfassungsort des Buchs.

Entstehung

Wenn es richtig ist, Kohelet als einen Prediger, Versammlungsleiter und Redner zu verstehen, so ist sein Buch der Niederschlag seiner beruflichen Tätigkeit. Seine Predigten und Vorträge fanden in ihm ihren bleibenden Ort. Zudem ist anzunehmen, dass Schüler ihm bei der Niederschrift und Auswahl des Stoffes behilflich waren (vgl. Koh 12,9). Es ist wahrscheinlich, dass sein Buch nur eine kleine Auswahl seiner Predigten und Reden enthält.

Das Buch Kohelet wird in ähnlicher Weise wie die Spruchsammlung des Agurs «Worte Agurs» (Spr 30,1) und diejenige des Lemuel «Worte Lemuels» (Spr 31,1) eingeleitet. Da von Kohelet in der 3. Person gesprochen wird, muss die Überschrift (Koh 1,1) auf den Bearbeiter des Buchs zurückgehen. Die Rede vom «Sohn Davids» ist kaum in einem streng genealogischen Sinne zu verstehen. Hier liegt wohl eine Anspielung auf Sprüche 1,1: «Die Sprüche Salomos, des Sohnes Davids», vor. Mit der Nennung von David und Salomo soll eine Rückbindung an Gottes Verheissungsgeschichte mit diesen beiden bedeutenden Königen Israels und Judas erfolgen. Im Buch selbst treten die beiden Gestalten jedoch in den Hintergrund. Damit wird die Gestalt Kohelet aufgewertet, denn Salomo galt in der Tradition als der weiseste aller Könige.

Das Koheletbuch gehört zusammen mit dem Hohelied zum sogenannten *Corpus Salomonicum*, d. h. sie sind in Anlehnung und unter der Autorität des Königs Salomo geschrieben. Beide Bücher zeigen Gemeinsamkeiten: das Verhältnis zur Frau (Koh 9,9; Hld 8,6f); das Thema «suchen und finden» (Koh 1,25.27.28.29; Hld 3,1). Zu diesem *Corpus Salomonicum* gehört wohl auch das Buch der Sprüche. Es könnte durchaus sein, dass diese drei Bücher in Beziehung zueinander verfasst wurden: das Koheletbuch als Ergänzung zum Sprüche-Buch und das Hohelied als Ergänzung zum Koheletbuch. Das Koheletbuch (ca. 200 v. Chr.) könnte an der Jerusalemer Tempelschule verfasst worden sein. Nach Lohfink wäre das Buch Jesus Sirach (um 175 v. Chr.) als kritische Weiterführung des Koheletbuchs zu deuten. Diese Thesen sind durchaus erwägenswert. Meines Erachtens ist das Koheletbuch jedoch in erster Linie als eine freie und kritische Auseinandersetzung mit der Erfahrung der Wirklichkeit unter Zuhilfenahme unterschiedlicher Traditionen zu deuten.

Kohelet stellt sich als «König über Israel in Jerusalem» vor (Koh 1,12). Es fällt auf, dass die Selbstvorstellung Kohelets erst an dieser Stelle erfolgt, man hätte sie nach Kohelet 1,1 oder anstelle von Kohelet 1,1 erwartet. Zudem wäre V. 12 auch vor Kohelet 1,2, dem Motto des Buches, gut denkbar. Es ist deshalb nicht ausgeschlossen, dass eine frühere Gestalt des Koheletbuchs mit V. 12 begonnen hat.

Eine Richtung der Kohelet-Forschung hat die Frage nach der Beeinflussung Kohelets durch die griechische Gedankenwelt gestellt. Ein Beispiel: Kann Kohelet als Jünger des griechischen Philosophen Epikur (341–270 v. Chr.) mit seiner Frage nach dem Glück seelischer Ausgeglichenheit gelten? Wurde er durch die um ca. 300 v. Chr. gegründete Philosophenschule der Stoa mit ihrem ethischen Radikalismus beeinflusst? Waren die Philosophen Heraklit von Ephesos (550–480 v. Chr.), Hesiod (ca. 700 v. Chr.) und der Lyriker und Schriftsteller Theognis (6./5. Jh. v. Chr.) aus Griechenland die geistigen Väter Kohelets? – Als bisheriges Fazit dieser Fragen kann festgehalten werden, dass eine direkte Beeinflussung kaum greifbar ist. Allerdings kannte er den Geist des Hellenismus mit seiner Betonung der Individualität, dem freien Denken jenseits von nationalen Schranken und den Fragen nach dem Schicksal und dem Glück (vgl. dazu Hengel, 236f; Schwienhorst-Schönberger, 279).

Die jüngere Kohelet-Forschung betont demgegenüber stark die Aufnahme alttestamentlicher Traditionen und Gedanken in Zustimmung und Kritik. Krüger (151–172) hat dazu die Begriffe «Rekonstruktion und Dekonstruktion» geprägt. Dieser Forschungsrichtung schliesse ich mich gerne an. Diese sind ein wichtiger Baustein bezüglich der Frage nach der Entstehung des Buchs Kohelet.

Die folgende Liste zeigt Verbindungen Kohelets zur alttestamentlichen Tradition in direkter Übernahme und freier Anspielung an und gibt zugleich einen gesamtbiblischen Ausblick auf neutestamentliche Aussagen in Kontrast und Weiterführung grundlegender Gedanken:

Kohelet 1:

1,2 ⟶ Psalm 39,12; 62,10; 94,11
1,5 ⟶ Psalm 19,5–7
1,8 ⟶ Sprüche 24,16; 25,11
1,11 ⟶ Sprüche 10,7; 22,1
1,3–11 ⟶ Jesaja 43,18f; 48,6f; Offenbarung 21,5
1,15 ⟶ Sprüche 27,22

Kohelet 2:

2,1f → 1. Könige 5,2–8; 7; 10f
2,21–23 → Sprüche 13,22

Kohelet 3:

3,1 → Sprüche 15,23
3,11 → Genesis 1,1.13; Psalm 104
3,19–21 → Genesis 2,7.19
3,22 → Jesaja 22,13

Kohelet 4:

4,1–3 → Jesaja 25,8; Offenbarung 7,17
4,4 → Sprüche 6,6–11; 10,4f
4,5f → Sprüche 6,10; 16,8; 17,1; 24,22; Psalm 128,2
4,4–12 → Genesis 2,18
4,13–16 → Genesis 37ff (Bezugnahme unsicher)

Kohelet 5:

5,3f → Deuteronomium 23,22f; Richter 11
5,5f → Numeri 15,22–31
5,14 → Hiob 1,21; Psalm 139,13.15

Kohelet 6:

6,1f → Hiob 1,21
6,10 → Hiob 9,3; 12,1

Kohelet 7:

7,3f → Sprüche 14,13
7,5–7 → Sprüche 15,32
7,7 → Exodus 23,8; Deuteronomium 16,1–9

7,8 ⟶ Sprüche 24,20
7,11f ⟶ Sprüche 10,15; 16,16
7,20–22 ⟶ 1. Könige 8,46; Hiob 15,14–16; Sprüche 20,9
7,25–29 ⟶ Sprüche 2,16–19; 5; 6,20 – 7,27; 9,13ff; Hohelied 3,1f; 5,6 (?)

Kohelet 8:
8,1–9 ⟶ Römer 13,1–7; 1. Petrus 2,13

Kohelet 9:
9,11 ⟶ Sprüche 3,4.16; 12,11
9,13–10,3 ⟶ Sprüche 14,20; 18,23

Kohelet 10:
10,4 ⟶ Sprüche 14,30; 15,4
10,5–7 ⟶ Sprüche 30,21–23
10,8–9 ⟶ Sprüche 26,27; Psalm 7,16; 9,16; 57,7
10,10–11 ⟶ Jeremia 8,17; Psalm 58,5f
10,12–15 ⟶ Sprüche 14,3; 18,7
10,18 ⟶ Sprüche 19,13; 20,4; 21,25

Kohelet 11:
11,2 ⟶ Sprüche 10,22
11,1–6 ⟶ 1. Könige 10,22f
11,7 – 12,7 ⟶ Jesaja 30,26; Maleachi 3,20; Genesis 1,21; 2; 3

Kohelet 12:
12,8 ⟶ Psalm 39,12; 62,10; 94,11

Themen

Windhauch

Das Nomen «Windhauch» (*häbäl;* so übersetzt die BasisBibel; Zürcher Bibel übersetzt: «nichtig und flüchtig») begegnet in Kohelet 1,2; 12,8 und bildet somit den Rahmen des Buchs. Damit wird der besondere Inhalt des Koheletbuchs auf den Punkt gebracht: «Windhauch». «Windhauch über Windhauch», davon hat Kohelet gesprochen, «Windhauch über Windhauch, alles ist Windhauch». Die Form des Verses (Koh 1,2) ist ungewöhnlich, denn das Nomen «Windhauch» begegnet fünfmal, davon zweimal in einer Steigerungsform (sogenannte *constructus*-Verbindung) mit dem Plural von «Windhauch». Diese sprachliche Äusserung ist im Koheletbuch ungewöhnlich, von daher sind Kohelet 1,2; 12,8 wohl kaum auf Kohelet selbst zurückzuführen. Auch die Verwendung der 3. Person Singular maskulin «er hat gesagt» unterstützt diese Annahme. Kohelet spricht über sich immer in der 1. Person Singular.

Die zentrale Botschaft Kohelets wird mit dem Nomen «Windhauch» (*häbäl*) zum Ausdruck gebracht. Im Alten Testament kommt das Nomen 73-mal vor, davon findet es sich 38-mal im Koheletbuch. Es muss als ein lautnachahmendes (*onomatopoetisches*) Wort gedeutet werden. Die Grundbedeutung des Nomens ist «Windhauch» und davon abgeleitet «Flüchtiges, Nichtiges, Hinfälligkeit». Der Name «Abel» (Gen 4) hängt damit zusammen. Es wird gerne in der Fremdgötterpolemik als Bezeichnung für «nichtiger Götze» verwendet (vgl. etwa Dtn 32,21; Jer 2,5; 8,19; 10,15). Die Bibelübersetzungen geben es unterschiedlich wieder: «eitel» (Luther-Bibel), «sinnlos» (Neues Leben-Bibel), «nutzlos» (Menge-Bibel), «nichtig und umsonst» (Zürcher Bibel, sie meidet die Übersetzung «Windhauch»), *vanitas* (Vulgata). Die Übersetzung «absurd» (Michel, Qohelet, 127 u. ö.) scheint nicht gerechtfertigt, denn das Wort «absurd» gehört in den Bereich der Existenzphilosophie, die im Koheletbuch nicht begegnet. Inhaltlich hat die Botschaft Kohelets Vorläufer in der Sprache der Psalmen (vgl. Ps 39,6: «… wie nichts ist meine Lebenszeit vor dir. Nur ein Hauch ist der Mensch»; vgl. noch Ps 39,12; 62,10; 94,11).

Mit «Windhauch» beschreibt Kohelet «alles unter der Sonne»: Weisheit, Freude, Besitz, Erbe, Fleiss, Jugend. Nur Gott selbst fällt nicht darunter, er steht ausserhalb jeglicher Verfügungsgewalt.

Gott

Kohelet spricht sehr zurückhaltend von Gott. Ebenso wie bei der Opferpraxis ruft er zu einem vorsichtigen Umgang mit dem Gebet auf: «Denn Gott ist im Himmel, und du bist auf der Erde» (Koh 5,1). Das Gebet sollte nicht mit einem weitschweifigen Reden verbunden werden, In Kohelet 5,2 beruft er sich auf ein Sprichwort «Denn wie Träume kommen bei vielen Geschäften, so törichtes Gerede bei viel Worten.»

Kloster Strahov in Prag, Gelehrter, in ein Buch versunken, Deckengemälde zu Kohelet 7,13, 1723–1727

Folgende Aussagen macht Kohelet über Gott:

- Kohelet ruft zum Essen, Trinken und Gutes tun auf, denn dies ist von Gott geschenkt. Hier steht er deutlich in der Tradition des alttestamentlichen Gottesglaubens, die um Gott als Schöpfer, Geber und Erhalter weiss. Die Welt und alles, was ist, «kommt aus der Hand Gottes» (Koh 2,24).
- Die Aussage, dass Gott den Gerechten und den Frevler richten wird (Koh 3,17a), wird von einigen Auslegern als sekundär angesehen, d. h. sie geht nicht auf Kohelet zurück. Die Aussage sei mit dem vorausgehenden Vers (Koh 3,16) und dem Denken Kohelets inhaltlich unvereinbar. Hier ist jedoch Vorsicht geboten, denn V. 17 steht nahe den Aussagen in Kohelet 8,12f und 11,9b: «Und wisse, dass über all dies Gott mit dir ins Gericht gehen wird.»
- Nach Kohelet 3,18.19 prüft Gott den Menschen durch Bedrängnisse, damit sie sehen, «dass sie doch nur Tiere sind. Das Geschick der Menschen gleicht dem Geschick der Tiere, es trifft sie dasselbe Geschick.» Gottes Tun ist für den Menschen nicht begreifbar.
- Die Einleitung zu den Kohelet 8,16f zeigt eine grosse Nähe zu Kohelet 2,12 und 7,25. Kohelet möchte zeigen, dass er sich mit der Weisheit vertraut macht und eine Antwort auf die Frage nach dem Sinn allen Geschehens finden möchte. Er betont die Rastlosigkeit des Suchens nach der Weisheit. – Beide Verse sind als Ich-Aussagen gestaltet (1. Person Singular).

Kohelet formuliert seine Erkenntnis über das Tun Gottes: Auch wenn der Mensch sich bemüht, er kann es nicht erkunden. Dreimal begegnet in Kohelet 8,17 das Verb *mṣʿ*, das man hier mit «erkunden/ergründen» übersetzen kann. Gottes Tun bleibt für den Menschen ein Geheimnis. Inhaltlich ähnliche Aussagen finden sich in Kohelet 3,11 und 7,23f. Nach Kohelet hängt die Frage nach dem Sinn menschlichen Tuns eng mit der Frage nach dem Tun Gottes zusammen. Gottes Tun bleibt jedoch dem Menschen verborgen. Kohelet ringt hier wie an vielen anderen Stellen mit der Weisheit, die meint, die Dinge der Welt in ihren Zusammenhängen und damit letztlich auch Gott verstehen zu können. Er kritisiert die allzu optimistische Sicht der herkömmlichen Weisheit.

Frömmigkeit

Der Abschnitt Kohelet 4,17 – 5,6 ist für das Koheletbuch insofern auffallend, als Kohelet sich mit der Frage nach dem Kult befasst, der ansonsten in seinem Buch keine besondere Rolle spielt.

- Der verbindende Gedanke besteht in der Mahnung, gegenüber kultischen Angelegenheiten vorsichtig und korrekt zu sein. Kohelet lehnt den Kult zwar nicht ab, aber er warnt vor dessen Gefahren und Enttäuschungen. Seine Rede vom Kult ist vergleichbar mit derjenigen bei Amos (5,21–24), Jesaja (1,10–17) und auch Jesus (Mt 9,13).
- Kohelet mahnt zu einem bedachtsamen Verhalten beim Gottesdienst und Gebet. Zudem beschreibt er sein zurückhaltendes Verhältnis zum Opfer (Koh 4,17; 5,1.2).
- Zum richtigen frommen Leben gehört der rechte Umgang mit dem Gelübde. Kohelet greift mit diesem Thema auf die Tora

Paula Gans (1883–1941), Im Gebet beim Laubhüttenfest, 1920

zurück: Es ist besser, gar kein Gelübde zu tun, als das abgelegte Gelübde nicht einzulösen (Dtn 23,22.23). Wie tragisch das Ablegen eines Gelübdes enden kann, zeigt eindrücklich die Erzählung von Jephta und seiner Tochter (Ri 11,29–40). Kohelet hat diese Erzählung gewiss vor Augen.

- Kohelet 5,5.6 beschreibt den Fall, dass jemand vor den Boten Gottes, d. h. den Priester, treten muss, um eine Sünde zu gestehen. Der Schuldige versucht dabei, seine Sünde zu entschuldigen, sie sei aus Versehen geschehen. Kohelet kritisiert ein solches Verhalten als Missachtung kultischer Vorschriften (vgl. Num 15,22–31).

Weisheit

Die Suche nach Weisheit wird von Kohelet als «leidige Mühe» (Koh 1,13) beschrieben. Das Nomen «Mühe» und das ihm zugrunde liegende Verb «sich mühen» (*ᶜnh*) begegnen 11-mal im Buch.

Die «Mühe» der Suche nach Weisheit ist eine Aufgabe, die Gott den Menschen gegeben hat. Kohelet steht mit dieser Auffassung tief in der Glaubensüberzeugung des Alten Testaments, nach der jedes Leben von Gott her zu deuten und zu verstehen ist. Freilich betont Kohelet, dass der Mensch dies nicht näher verstehen könne, denn Gott lasse sich nicht in die Karten schauen. Die Suche nach der göttlichen Weisheit und dem Plan Gottes sei letztlich nichtig, ein Windhauch und ein Greifen (Luther-Bibel übersetzt: Haschen) nach Wind (Koh 1,14: wörtlich «Weiden (*rᶜh*) von Wind»). Das Nomen «Haschen/Weiden» gehört zu den

Lieblingsvokabeln Kohelets (7-mal). Diese Beobachtung unterstützt er mit einem Doppelsprichwort: «Was krumm ist, kann nicht gerade werden, und was fehlt, kann man nicht zählen» (Koh 1,15).

Beide Sprichworte sind in ihrer konkreten Deutung offen. Man könnte an den alten Menschen denken, dessen Rücken nicht mehr gerade und dessen Wachstum nicht mehr, sondern weniger wird. Man könnte aber auch an den Toren denken, bei dem jedes erzieherische und intellektuelle Bemühen sinnlos ist (Spr 27,22). Wie immer man das Sprichwort konkretisiert, es spricht auf jeden Fall von einem «Festgelegtsein», einer Determination der Dinge des Lebens. Man kann diese weder erforschen noch ergründen, es ist und bleibt ein Haschen nach Wind. Wir würden heute im Anschluss an Kohelet 1,14 sagen: «Wo nichts ist, kann auch nichts werden.»

Ein weiteres Sprichwort zur Weisheit findet sich in Kohelet 1,18: «Denn mit viel Weisheit kommt viel Verdruss, und wer mehr erkennt, hat mehr zu leiden.» Die Fülle des Wissens macht nicht glücklich und zufrieden, sondern führt im Gegenteil zum Leiden in der Welt. Für Kohelet führt die Aneignung von Wissen in eine tiefe Tragik des Lebens hinein: Die Weisheit verspricht ein gewinnendes Leben, tatsächlich aber führt sie in Kummer und Schmerz. All dies ist ein «Haschen nach Wind» (Koh 1,17 nach der Luther-Bibel). Diese Erkenntnis wird als Selbstgespräch Kohelets dargestellt.

In den beiden Versen in Kohelet 7,24f geht es um Kohelets eigenes ergebnisloses Suchen nach Weisheit. Das in V. 24 verwendete Verb *nsh* kann auch mit «versuchen, den Versuch machen» übersetzt werden (vgl. Koh 2,1): All dies habe ich mit der Weisheit versucht. Kohelet aber ist enttäuscht worden, die Weisheit ist «ferne» von Kohelet. Zweimal begegnet das Adjektiv «fern» (*râḥôq*). In V. 24 wird diese Beobachtung noch vertieft: «Fern ist, was war (vgl. Koh 1,9), und tief, tief – wer könnte es begreifen?» Sprachlich auffallend ist das zweimalige «tief, tief» (*ᶜâmôq*). Kohelet kontrastiert diese Aussage mit der alten Schulweisheit, wo die Weisheit ruft: «Ich liebe, die mich lieben, und die mich suchen, werden mich finden!» (Spr 8,17). Im Unterschied dazu erinnern die Worte von Kohelet 7,24 an Hiob 28, wo davon die Rede ist, dass die Weisheit unauffindbar und tief in der Erde verborgen sei. – Kohelet spricht von seiner Erfahrung mit der vergeblichen Suche nach Weisheit. Man kann Kohelet 7,24f als eine persönliche Konfession Kohelets bezeichnen.

Die Ohnmacht der menschlichen Weisheit wird in Kohelet 9,11f an fünf Beispielen gezeigt: 1. Nicht die Schnellen gewinnen den Wettlauf. 2. Nicht den Helden gehört der Sieg im Krieg. 3. Auch die Weisen erlangen kein Brot. 4. Und auch die Verständigen bekommen keinen Reichtum. 5. Und auch die Einsichtigen bekommen kein Ansehen. – Die fünf Beispiele bestehen alle aus drei Worten, bei den Beispielen 3 bis 5 ist noch die Partikel «auch» hinzugefügt. Es fehlt jeweils ein Verb, es liegen sogenannte Nominalsätze vor, d. h. es muss «machen/gehören/bekommen/erlangen» in der Übersetzung ergänzt werden. Die fünf Beispiele erinnern formal an die sogenannten Zahlensprüche in der alten Weisheit. Das erste Beispiel bezieht sich offenkundig auf den sportlichen Wettkampf, der in hellenistischer Zeit gepflegt wurde. Das zweite Beispiel hat den Krieg vor Augen. Die Beispiele 3 bis 5 setzen sich offenbar mit Aussagen aus dem Buch der Sprüche auseinander, die den Wert der Weisheit rühmen (Spr 3,4.16 und 12,11). Die Aussagen in V. 11 lassen sich durch die Hinzufügung von «immer» verdeutlichen. Es ist nicht «immer» so, dass die Schnellen das Rennen machen usw.

Kohelet verweist als Begründung auf die beiden Faktoren «Zeit» und «Zufall» (V. 11b). Er nimmt Gedanken von Kohelet 3,1–8.17; 8,6f auf.

In Kohelet 9,12 fügt der Prediger die beiden Bilder von den Fischen, die ins tückische Netz geraten sind, und den Vögeln, die in Schlingen gefangen sind, hinzu. Sie symbolisieren die ständige Gefährdung des Menschen durch die «böse Zeit» (Koh 9,12b), d. h. den Tod.

Kohelet möchte mit diesen beiden Versen die Unwägbarkeiten des Lebens aufzeigen. Es ist für den Menschen, besonders auch für die Tüchtigen und Weisen unter ihnen, unmöglich, die Wendungen des Lebens in den Griff zu bekommen. Es ist zu beachten, dass Kohelet von Möglichkeiten spricht: Eine «böse Zeit» *kann*, aber sie muss nicht das Leben bedrohen. Auffallend ist hier das Schweigen Kohelets über den göttlichen Trost und Gottes Erbarmen in Lebenssituationen, in denen das Schicksal erbarmungslos zuschlägt. Die Frage «Warum schweigt Gott?» ist auch heute noch bei vielen Menschen, auch Christinnen und Christen, sehr aktuell.

Kohelet erzählt ein «Beispiel» (Koh 9,13–16) – man könnte zudem auch sagen, eine Anekdote –, um damit einen weiteren Aspekt der Weisheit zu beschreiben: «Es gab einmal eine kleine Stadt mit wenig Leuten darin, und gegen sie zog ein grosser König heran, schloss sie ein und errichtete gewaltige Belagerungstürme gegen sie. Da fand er in ihr einen armen, weisen Mann, und der rettete durch seine Weisheit die Stadt. Aber niemand hat sich jenes Armen erinnert» (Koh 9,14.15). Daraus zieht Kohelet die Schlussfolgerung: «Weisheit ist besser als Stärke; doch die Weisheit des Armen wird verachtet, und auf seine Worte hört man nicht» (Koh 9,16).

Kloster Strahow in Prag, Das menschliche Streben nach Weisheit, Deckengemälde zu Kohelet 3,11, 1723–1727

Die in dieser Anekdote geschilderte Geschichte ist historisch nicht fassbar. Kohelet kombiniert hier zwei Aspekte, die in der alten Weisheit betont werden: Es geht zum einen um die Stärke der Weisheit und zum anderen um die verachtete Stellung des Armen in der Gesellschaft: «Selbst seinem Nächsten ist der Arme verhasst, der Reiche aber hat viele Freunde» (Spr 14,20). Weil der Weise in jener Stadt arm gewesen ist, wird seiner überhaupt nicht gedacht. Obwohl er Grosses geleistet hat, empfängt er keinen Dank. Kohelet kritisiert diesen Umgang mit dem Armen scharf.

Der nächste Absatz (Koh 9,17 – 10,3) wird mit einem Vergleichsspruch eröffnet: «Auf ruhige Worte von Weisen hört man eher als auf das Geschrei eines Herrschers unter den Toren» (Koh 9,17). Der Vers betont den Wert und den Vorteil eines ruhigen Gesprächs im Vergleich mit dem Geschrei eines Höhergestellten im Kreis von Toren. Kohelet schränkt seine Aussage jedoch ein: Weisheit ist zwar stärker als Kriegsgerät, aber ein Einziger, der fehlgeht, kann viel Gutes zerstören (Koh 9,18b). Kohelet macht dies an einem Beispiel deutlich: Tote Fliegen können die Arbeit des Salbenmischers, eine nützliche Salbe zu mischen, gänzlich zerstören. Er überträgt dies auf das Verhältnis von Weisheit und Torheit: Ein wenig Torheit kann Weisheit zerstören (Koh 10,1–3). Er illustriert die Torheit und Weisheit mit «links» und «rechts». «Rechts» ist die Seite des Glücks, «links» ist diejenige des Unglücks. Der Tor hält sich links, d. h., auf der Unglücksseite auf, bei dem Weisen ist es umgekehrt.

Schlussfolgerung: Man denke hier an den Apostel Paulus. Nach ihm ist die Weisheit zweifellos in der Welt, aber sie kann durch Torheiten, wie Gier, Eitelkeit und Machtsucht entkräftet werden. Demnach ist die Weisheit Gottes im Evangelium Jesu Christi zu finden. (1Kor 1,18). Für diejenigen, die sie annehmen und pflegen, dient sie als Richtschnur und Lebenskraft.

Gewinn

Kohelet eröffnet seine Erörterungen mit einer grundsätzlichen Frage: «Welchen Gewinn hat der Mensch von seiner ganzen Mühe und Arbeit unter der Sonne?» (Koh 1,3–11). Diese Frage ist keine rhetorische, sondern eine Leitfrage für Kohelet. Das im Alten Testament nur bei Kohelet vorkommende Nomen «Gewinn» (*jitrôn*) hat wohl seinen Sitz im Leben in der Kaufmannssprache. Mit ihm wird der «Gewinn, Überschuss» eines Geschäfts beschrieben. Dies wird auf die Weisheit übertragen, denn sie ist der Weg, die Steuermannskunst (Spr 1,5; siehe griechische Übersetzung zu *kubernaesin,* vgl. Kybernetik; nach Zürcher Bibel weniger anschaulich: Kenntnisse), der «Gewinn» verspricht. Kohelet sieht diesen Weg kritisch. Er bezieht ihn auf das Leben «unter der Sonne». Dieser weltliche Bereich ist für ihn vor allem durch «Mühe und Arbeit» geprägt.

Der Abschnitt Kohelet 1,4–11 erläutern die Leitfrage in V. 3. Kohelet setzt mit der Bedeutungslosigkeit des Generationenwechsels ein (V. 4). Die Generationen kommen und gehen. Mit dem Verb «gehen» meint er hier «sterben». Der Mensch ist im Vergleich zur Erde ein vergängliches Wesen. Die folgenden Beispiele stammen aus dem Bereich der Natur: «Und die Sonne geht auf, und die Sonne geht unter und strebt nach dem Ort, wo sie aufgeht» (V. 5). Sie durchläuft Tag für Tag dieselbe Bahn. Vergleicht man dieses Bild der Sonne mit demjenigen in Psalm 19, sieht man deutlich den Unterschied. Dort heisst es nämlich, die

Kloster Strahov in Prag, Drei Bücher,
Deckengemälde zu Kohelet 2,26, 1723–1727

Sonne «läuft freudig wie ein Held die Bahn. […] und nichts bleibt ihrer Glut verborgen» (Ps 19,5–7). – Wie die Sonne ihre Faszination verliert, geht es auch dem Wind, denn er weht ziellos umher. In V. 6 begegnet viermal das Verb «blasen» (*sbb*), das hier pleonastisch (d. h. überladen) das Blasen des Winds ausdrückt. – Auch vom Wasser wird ein einförmiges, zweckloses Geschehen berichtet. Alle Bäche fliessen ins Meer, aber das Meer bleibt stets gleich voll. Es ist nicht ausgeschlossen, dass Kohelet hier an das Tote Meer und seine Zuflüsse denkt (V. 7). – In V. 8 geht es um die Sprache, auch sie ermüdet. Sie hat etwas Unabgeschlossenes, und sie kann nie alles er- und begreifen. In der alten Weisheit wird von der Sprache anders als bei Kohelet gesprochen, hier wird sie als hohes Gut beschrieben: «Einen Kuss auf die Lippen gibt, wer richtig antwortet» (Spr 24,26; vgl. noch Spr 25,11). Diese Unabgeschlossenheit findet sich auch bei den Hinweisen auf die Augen und die Ohren. – In V. 9–11 zieht Kohelet Bilanz: Es gibt nichts Neues unter der Sonne, was gewesen ist, wird wieder so sein. Das menschliche Erinnern ist begrenzt. Die früheren Zeiten werden vergessen, sodass man glaubt, dass neue Erfahrungen gänzlich neu seien. Dies ist jedoch ein Missverständnis. Auch hier wendet sich Kohelet gegen die alte Vorstellung, nach der der Nachruhm gesegnet sei: «Man gedenkt des Gerechten, um Segen zu wünschen» (Spr 10,7); «Ein guter Ruf ist wertvoller als grosser Reichtum» (Spr 22,1).

Oft wurde behauptet, dass Kohelet in diesem Abschnitt eine trostlose Lebensanschauung vertrete (vgl. Lauha, 14–20). Man geht damit allerdings zu weit. Kohelet möchte vielmehr die wirkliche, vorfindliche Welt beschreiben, er sieht nur das, was «unter der Sonne» ist. Die theologische Frage nach dem, was Gott neu macht, hat er nicht im Blick: «Seht, ich schaffe Neues, schon spriesst es, erkennt ihr es nicht?» (Jes 43,19; vgl. auch Jes 48,6f; 2Kor 5,17; Offb 21,5).

Arbeit

Das Thema des bleibenden Gewinns des Menschen führt Kohelet 2,18–23 mit den Beispielen der Arbeit und des Erben weiter. Das erste Wort von V. 18 («ich hasste») knüpft formal an Kohelet 2,17a an («ich hasste»). Der Mensch kann wegen des Todes die Früchte seiner Arbeit nicht geniessen. Neu ist der Gedanke, dass er diese dem Menschen, der nach ihm kommt, überlassen muss (V. 16f). Kohelet ringt dabei mit der Frage, wie der Erbe charakterlich beschaffen sein wird. Wird er ein Weiser oder ein Tor sein? (V. 19f) Er verzweifelt an dieser Frage, wie das sechsmalige (!) Vorkommen der Rede von der «Mühsal/sich abmühen» (*ᶜml*) in V. 20–22 zeigt. Kohelet nimmt die Überzeugung der alten Weisheit auf, nach der die Frömmigkeit auch materiellen Segen bringt: «Der Gute hinterlässt sein Erbe den Enkeln» (Spr 13,22). Er dagegen fragt: «Was hat denn der Mensch von all seinem Mühen und Streben, davon dass er sich abmüht unter der Sonne?» (V. 22) In V. 23 bezieht er sich wohl auf ein ihm bekanntes Sprichwort: «Sein Leben bringt ihm nur Leiden und seine Mühe Verdruss, und selbst bei Nacht kommt sein Herz nicht zur Ruhe.»

Die menschliche Arbeit gilt im Alten Testament als ein hohes Gut: «Wer mit träger Hand arbeitet, wird arm, die Hand der Fleissigen aber macht reich. [...], wer die Erntezeit verschläft, ist ein schändlicher Sohn» (Spr 10,4f). In Sprüche 6,6–11 dient die Ameise als Beispiel für den Fleiss. Kohelet hingegen ist gegenüber der Heroisierung der Arbeit zurückhaltend. Er spricht von der Mühe und dem Wetteifern des einen gegen den anderen (Koh 4,4). Er relativiert die Arbeit mit einem «besser als» Spruch: «Besser eine Hand voll Ruhe als beide Hände voll Mühe» (Koh 4,6).

Kohelet verbindet in 4,7–12 die Rede von der Arbeit mit derjenigen der menschlichen Gemeinschaft. Es geht ihm um die Nachteile der Einsamkeit und die Vorteile einer guten Gemeinschaft. Ein Leben ohne Familie ist für Kohelet undenkbar. Ein Leben in Gemeinschaft bietet in vielerlei Hinsicht Vorteile: Die Arbeit zu zweit gelingt besser als allein; Beschwerlichkeiten können besser überwunden werden; wenn einer fällt, hilft ihm der andere auf; wenn einer unter die Räuber fällt, kann der andere ihm helfen (V. 8–11). Kohelet schliesst seinen Gedankengang mit einem Sprichwort ab: «Und der dreifache Faden zerreisst nicht so bald» (Koh 4,12b).

Kohelet nimmt einen Gedanken aus der biblischen Urgeschichte auf: «Es ist nicht gut, dass der Mensch allein ist» (Gen 2,18). Er betont die Nützlichkeit der Gemeinschaft, die Anwesenheit und der Beistand des einen kann ein grosser Vorteil für den anderen sein. Meines Erachtens denkt Kohelet hier auch an die eheliche Gemeinschaft, die u. a. darin besteht, sich gegenseitig zu unterstützen.

Kohelet weist darauf hin, dass die Arbeitswelt viele Gefahren birgt. Die beiden Verse in Kohelet 10,8f enthalten dazu vier Beobachtungen: 1. Beim Graben einer Grube kann man selbst hineinfallen. 2. Beim Einreissen einer Mauer kann einem plötzlich eine Schlange beissen. 3. Beim Brechen von Steinen können diese auf den Arbeiter fallen. 4. Beim Spalten von Holz kann man sich in Gefahr bringen. Das Graben einer Grube begegnet mehrfach im Alten Testament, dort geht es aber um die gerechte Vergeltung (Spr 26,27; Ps 7,16; 9,16; 57,7). Kohelet möchte im Unterschied dazu lediglich sagen, dass jedes gute Tun den Arbeitenden selbst gefährden kann. Weisheit und Fleiss sind immer auch gefährdet, und auch eine aufrichtige Arbeit kann schlimme Folgen haben.

Reichtum

Kohelet reiht in den Abschnitten 5,9–16 und 6,1–9 eine Folge von Sprüchen zum Thema «Besitz/Reichtum» aneinander. In zwei parallelen Sätzen wird der Blick auf die Unersättlichkeit der Geldgier gerichtet: «Wer das Geld liebt, wird des Geldes nicht satt. Und wer liebt Reichtum ohne Ertrag?» (Koh 5,9) – Mit der Vermehrung der Güter vermehrt sich auch die Zahl ihrer Nutzniesser. Kohelet denkt hier sowohl an Verwandte als auch an Menschen, die es auf das Geld des Besitzers abgesehen haben. Mit einem ironischen Unterton betont er, dass dem Reichen nichts anderes übrigbleibt, als ständig seine Augen auf das Geld gerichtet zu haben (Koh 5,10), Reichtum ist mit Sorgen und Ärger verbunden. Die überraschende Rede vom «(fleissigen) Arbeiter» in V. 11a lässt auf ein Sprichwort schliessen. Während der Arbeiter einen «süssen Schlaf» hat, kann der Reiche aufgrund seines Überflusses nicht ruhig schlafen (Koh 5,11b).

Die V. 12–16 behandeln das Thema «Reichtum und Unglück». Ausgangspunkt ist der Hinweis auf einen Reichen, der von einem «schlimmen Übel» (V. 12a) heimgesucht wird. Ein «Unglück» (V. 13a) hat ihn getroffen, wodurch sein Vermögen vernichtet wurde. Wie es geschah, bleibt offen, man kann wohl an ein misslungenes Geschäft denken. Sein Reichtum ging verloren, und somit kann er nichts an seinen Sohn vererben (V. 14). Der Abschnitt schliesst mit grundsätzlichen Erwägungen zu Reichtum und Tod: Wenn der Reiche stirbt, muss er so gehen, wie er in die Welt kam. Er hat sich «für den Wind», d. h. umsonst, abgemüht (V. 15f).

Das Thema «Reichtum» wird in Kohelet 6,1–9 weiter entfaltet. Man kann es in drei Abschnitte untergliedern:

V. 1–2: Kohelet schildert den Fall, dass ein Reicher den von Gott geschenkten Reichtum, Vermögen und Ehre nicht geniessen kann, sondern ein «Fremder» (V. 2a) ihn jetzt geniesst. Es werden keine Gründe genannt, warum der Reichtum abhandengekommen ist: durch eine Krankheit (so die griechische Übersetzung), durch einen Fremden? Kohelet ist überzeugt: Reichtum ist eine Gabe Gottes, die von Gott wieder weggenommen werden kann.

V. 3–6: Kohelet fügt seinen Überlegungen einen ungewöhnlichen Vergleich hinzu: Wenn jemand hundert Kinder zeugte und viele Jahre lebte, sein Verlangen am Guten nicht stillen und niemals ein Grab auf ihn warten würde, hätte es eine Fehlgeburt besser als er. Damit führt er den Gedanken von Kohelet 4,2f weiter, dass die Toten und die Nichtgeborenen glücklicher als die Lebenden seien. Diese Aussage steigert er noch einmal in V. 3: Eine Fehlgeburt ist ohne Identität und Namen. Kohelet nimmt hier eine Aussage von Hiob auf: «Ich wäre dahin wie eine verscharrte Fehlgeburt, wie Kinder, die nie das Licht erblickten (Hiob 3,16). Hiob spricht in seiner Klage den Wunsch aus, wie eine Fehlgeburt gewesen zu sein, nie die Mühen, Enttäuschungen und Verluste erleiden zu müssen, die der Reiche durchmachen musste (Koh 6,2). Die Fehlgeburt hat wenigstens Ruhe. Und er fügt eine weitere Steigerung hinzu: Wenn jemand zweitausend Jahre leben würde, angesichts des Todes ist auch ein solches Leben nichtig (V. 6).

V. 7–9: Kohelet zieht den Schluss, dass es besser ist, das zu geniessen, was vor Augen ist, als seinem Verlangen nach weiterem Genuss und Reichtum hinterherzulaufen. Man soll den eigenen Illusionen nicht verfallen, denn sie sind trügerisch. Es ist m. E. wahrscheinlich, dass Kohelet in V. 9a ein Sprichwort aufnimmt.

Leben

Kohelet beleuchtet das «Leben» in seinen unterschiedlichen Aspekten.

So geht es in Kohelet 3,18–21 um die Kreatürlichkeit des Menschen. Diese zeigt sich in seiner Sterblichkeit und eben darin in seiner Nähe zum Tier. Mensch und Tier sind durch den Tod miteinander verbunden. Die Menschen haben keinen Vorzug vor den Tieren. Beide sind vergänglich, sie kommen aus Staub und werden wieder zu Staub. Kohelet greift deutlich erkennbar auf den nichtpriesterlichen Schöpfungsbericht zurück (Gen 2,7). Er erweitert ihn jedoch mit dem Hinweis, dass auch der Lebenshauch des Tieres zur Erde zurückgeht. Die Gemeinsamkeit mit dem Tier bezüglich seiner Kreatürlichkeit und seiner Todesbestimmtheit verwehrt dem Menschen jeglichen Hochmut. Der Schlusssatz in V. 22 ruft zur Freude an seinem Tun, an dem *Heute* auf. Der Tod schafft zum einen eine tiefe Tragik im Leben der Menschen, zum anderen wirkt er die Aufforderung zur Freude und zum Geniessen des Lebens.

Die Gemeinsamkeit liegt in der Aussage der Vorherbestimmtheit aller Dinge und die daraus entspringende Undurchsichtigkeit des Lebens: «Was war, ist längst mit Namen benannt, und bekannt ist, was ein Mensch ist, und dass er nicht rechten kann mit dem, der mächtiger ist als er» (Koh 6,10). Ich finde es nicht ausgeschlossen, dass hier ursprünglich selbstständige Sprüche vorliegen, die aufgrund der thematischen Einheitlichkeit zusammengefasst wurden.

In Kohelet 6,10–12 geht es um die Undurchschaubarkeit des Lebens. Hier finden sich zwei Gedanken: Der erste besteht in der Aussage der Vorherbestimmtheit aller Dinge und auch des

Menschen. Formal erinnert der Anfang von V. 10 an Kohelet 1,9. Der zweite steht in Verbindung mit der Rede von «dem, der mächtiger ist» (Koh 6,10) am Ende des Verses. Er spielt zweifellos auf Gott an. Der Mensch ist ihm gegenüber ohnmächtig, man kann mit ihm nicht auf gleicher Ebene rechten. Meines Erachtens denkt Kohelet bei dieser Aussage an Jeremia (12,1) und Hiob (9,3). Aufgrund der Vorherbestimmung kann der Mensch nicht wissen, was für ihn im Leben zum Guten wird. Die dadurch hervortretende Unsicherheit wird noch durch das «Nichtige» (V. 11) gesteigert. Kohelet 6,10–12 zeigen inhaltlich Bezüge zu folgenden Stellen im Koheletbuch: Die Vorherbestimmtheit: 1,9; 3,15. – Die Ohnmacht des Menschen gegenüber Gott: 3,11.14; 5,1. – Die Undurchsichtigkeit des Lebens: 1,13; 11,5.

Kohelet 11,1–6 beschreibt die Ungewissheit des Lebens. Er setzt in V. 1 mit einer schwer verständlichen Aussage ein: «Schicke dein Brot über das Wasser, so kannst du es nach vielen Tagen wiederfinden» (eigene Übersetzung). Geht es hier um den Aufruf zur grosszügigen Wohltätigkeit? So wird der Vers im Targum, d. h. in der aramäischen Textversion, und in der jüdischen Überlieferung gedeutet. – Es könnte aber auch der Aufruf zum Tun von Sinnlosem gemeint sein! – Wahrscheinlicher ist m. E. die Deutung des Verses auf die Seefahrt. Dafür spricht der Imperativ «sende/schicke …» Mit der Seefahrt ist der Seehandel verbunden, der beträchtlichen Gewinn erzielen kann (vgl. 1Kön 10,22f).

Ebenso wie V. 1 beginnt V. 2 mit einem Imperativ: «Teile». Es geht hier offenbar um einen Menschen, der etwas in «sieben oder acht» Teile zerlegen soll. Es geht um das vorsichtige und überlegte Handeln, das kein Risiko eingeht. Der Sinn der Aussage kann jeweils aus V. 1b bzw. V. 2b erschlossen werden. In diesen beiden Versteilen ist vom Unglück die Rede: Wage den Weg der gefährlichen Seefahrt, du kannst daraus dennoch Gewinn erzielen, minimiere das Risiko, vielleicht kannst du so Unheil abwenden; dafür gibt es aber keine Garantie. Ist diese Deutung von V. 1f richtig, so zeigt sich Kohelet als einer, der die Menschen zu einem vernünftigen Handeln aufruft. Er deutet zugleich darauf hin, dass sich alles Handeln in unvorhergesehene Richtungen entwickeln kann.

V. 3f führen in den Bereich der Natur. Wenn die Wolken gefüllt sind, dann regnet es auf die Erde, der Regen kommt entsprechend der Naturordnung. Der umgestürzte Baum bleibt da liegen, wo er hingefallen ist. Wenn ein Bauer meint, in seiner Arbeit den Wind festhalten zu wollen, wird er nie zum Säen kommen. Wer ständig auf die Wolken schaut, wird nie zum Ernten kommen. Es geht hier um die Grenzen menschlichen Tuns und den rechten Umgang mit der Natur. Die Vorgänge in der Natur können vom Menschen nicht beeinflusst werden. Die Klugheit des Menschen wird dafür herausgefordert.

V. 5 nimmt die vorangehenden Bilder in V. 3f auf und erweitert sie: die Unberechenbarkeit des Windes (vgl. Koh 1,6; 8,8); das Heranwachsen des Embryos im Mutterleib. Kohelet zieht daraus die Erkenntnis, dass hinter allen Geheimnissen der Natur das «Werk Gottes» steht (vgl. auch Koh 3,11; 7,13). Dieses bleibt dem menschlichen Auge und menschlicher Weisheit verborgen.

V. 6 zieht aus den Beobachtungen folgende Erkenntnis: Der Mensch soll angesichts dieser Unberechenbarkeit klug handeln: Er soll am Morgen säen; er soll auch am Abend nicht untätig bleiben; er soll sich jedoch darüber klar sein, dass das Gelingen nicht in seiner Hand liegt (vgl. ähnlich Spr 21,30). Es liegt vielmehr in Gottes Plan und ist damit in seiner Freiheit verborgen. Der Mensch soll dies respektieren.

In formaler Sicht liegen in Kohelet 11,1–6 unterschiedliche Spruchtypen vor: Mahnworte liegen in V. 1f.6 vor; sie werden in einem Nachsatz mit «denn …» (*kî*) weitergeführt. In V. 3f liegen Wenn-dann-Sätze vor; V. 5 ist in direkter Anrede gehalten und steht inhaltlich im Zentrum. Es geht um das entschlossene und kluge Handeln des Menschen, auch wenn er nicht in den Kreislauf der Natur als Gottes Plan und Tun eingreifen kann.

In Kohelet 10,4–20 finden sich zehn Einzelsprüche, die ganz unterschiedliche Aspekte des Lebens betreffen: Gelassenheit, ungerechte Ehrung, Arbeitswelt, eigene Fehler, ausgiebige Rede, unfähiger Tor, Könige, Faulheit, das fröhliche Mahl, Vorsicht beim Reden.

Gelassenheit (V. 4): Der Vers spricht vom rechten Verhalten angesichts des Zorns des Herrschers. Das Nomen *ru^{a}ch* kann am besten mit «Zorn, Unmut» übersetzt werden. Mit dem «Herrscher» können unterschiedliche Personen gemeint sein: der König oder ein Vertreter der Staatsgewalt. Die Untergebenen sind von ihnen – und unter Umständen auch von ihrer Willkür – abhängig. Kohelet ruft ihnen gegenüber zur «Gelassenheit» auf. Wörtlich übersetzt heisst das Nomen «Heilung» und meint, dass man einen grösseren Konflikt vermeiden soll; es stammt aus der älteren Weisheit (vgl. dazu Spr 14,30; 15,4).

Die ungerechte Ehrung (V. 5–7): Es geht in diesen Versen um ungerechte Verhältnisse im menschlichen Zusammenleben. Kohelet nennt zwei Beispiele: Es gibt Situationen, in denen Tore geehrt werden, oder Knechte, die hoch zu Ross sitzen, während Fürsten zu Fuss gehen müssen. Es geht hier wohl kaum um zeitgeschichtliche Beschreibungen. Kohelet möchte vielmehr die Unsicherheit menschlichen Lebens hervorheben, die Torheit im menschlichen Zusammenleben, die Umkehrung der Ordnung.

Inhaltlich erinnern diese Verse an die Zahlensprüche in Sprüche 30,21–23, wo der Knecht König wird, und die Magd, die ihre Herrin verdrängt, beschrieben werden.

Die Arbeitswelt (V. 8f): Siehe dazu oben Abschnitt «Arbeit».

Eigene Fehler (V. 10f): Formal sind die beiden Sprüche gleich aufgebaut. Bedingungssatz «wenn ...» – Folgesatz. Inhaltlich werden unterschiedliche Lebenswelten angesprochen. In V. 10 geht es um den rechten Umgang mit Werkzeugen. Vielleicht steht das Bearbeiten von Holz (vgl. V. 9b) im Hintergrund. – In V. 11 geht es um die Schlangenbeschwörung, die offenbar als eine besondere Kunst angesehen wurde (vgl. Jer 8,17; Ps 58,5f). Sie muss gut vorbereitet sein, wenn nicht, kann der Schlangenbeschwörer unter Umständen sein Leben riskieren. – Es geht Kohelet in beiden Versen um den Hinweis auf die Verletzlichkeit der Weisheit. Kleine Fehler und Nachlässigkeiten können leicht Unfälle verursachen.

Ausgiebiges Reden (V. 12–14a): Kohelet greift hier ein für die Weisheit grundlegendes Thema auf: das Reden; für den Weisen ist es von Nutzen, für den Toren aber verderblich (vgl. auch Spr 14,3; 18,7). Das Reden der Toren ist voller Dummheit und Frechheit. Es ist deshalb so problematisch, denn «der Mensch weiss nicht, was geschehen wird» (Koh 10,14).

Der unfähige Tor (V. 14b.15): Kohelet charakterisiert den Toren als einen unfähigen Menschen, der noch nicht einmal den Weg in die Stadt kennt.

Könige (V. 16f): Es geht um die Möglichkeiten guten und schlechten Regierens. Der schlechte König kann ein «Knabe» sein. Das Nomen «Knabe» ist im Sinne von «Unselbstständiger» zu verstehen. Die Aussage möchte die Unerfahrenheit dieses Königs betonen. Kohelet kritisiert, dass die Fürsten dann ihre

Privilegien ausnützen, dass sie am frühen Morgen zum eigenen Genuss zusammenfinden. Der gute König dagegen dient seinem Land, er sorgt dafür, dass seine Fürsten ihre Privilegien nicht ausnützen, sondern zur rechten Zeit essen, «um sich zu stärken und nicht, um sich zu betrinken» (V. 17b).

Faulheit (V. 18): «Wo Trägheit (wörtlich: Doppelträgheit) wohnt, senkt sich das Gebälk, und wo die Hände müssig sind, tropft es ins Haus.» – Das Thema «Trägheit/Faulheit» begegnet bereits in der alten Weisheit: Sprüche 20,4; 21,25. Wo die Hände nicht arbeiten, regnet es bald ins Haus hinein. Die Aufnahme eines Sprichworts ist hier m. E. nicht ausgeschlossen.

Das fröhliche Mahl (V. 19): Man veranstaltet ein Essen, um fröhlich zu sein. Das Mahl verhilft zum Lachen, der Wein vermittelt Freude (vgl. Koh 2,3; 9,7–10). Kohelet ruft dazu auf, Festfreuden zu geniessen.

Vorsicht beim Reden (V. 20): «Auch in Gedanken schmähe nicht den König, auch in deiner Schlafkammer schmähe nicht den Reichen; denn die Vögel des Himmels könnten den Laut forttragen, und was Flügel hat, könnte das Wort verraten.» Wie leicht kann ein unüberlegtes Wort oder ein Fluch gegen den König oder einen Reichen grossen Schaden anrichten! Zumeist bleibt es nicht verborgen (vgl. Koh 7,22, wo vom Fluchen des Untergebenen die Rede ist).

Die Einzelsprüche sind inhaltlich und formal unterschiedlich. Man kann sie auf zehn Spruchеinheiten verteilen und somit von einer dekalogartigen Komposition sprechen. Der Wechsel von positiver und negativer Aussage ist charakteristisch.

Lebensgenuss

Was ist ein beständiger Wert im Leben? Dieser Frage geht Kohelet in 2,1–11 nach. Er knüpft damit an Kohelet 1,14.16f an. Er will es mit der Freude, dem Guten und mit dem Lachen versuchen (V. 1f). Kohelet nimmt das Ergebnis seiner Suche ohne Begründung vorweg: «Und siehe, auch dies war nichtig» (vgl. auch das Resümee in V. 11).

In V. 3–9 zeigt Kohelet an unterschiedlichen Beispielen seine Versuche, den Weg der Freude zu finden:

V. 3: Hier spricht Kohelet zunächst davon, «meinen Leib in Wein zu baden» (wörtliche Übersetzung: «ziehen»). Vielleicht nimmt er eine idiomatische Wendung auf. Die Bedeutung kann nur sein: «Meinen Körper mit Wein zu laben». Dabei soll in diesem Fall und den weiteren Beispielen die Weisheit eine Art Leitungs- und Wächterfunktion übernehmen. Auch in diesen Fällen geht es letztlich um die Frage, welchen Gewinn der Mensch von seiner ganzen Mühe und Arbeit unter der Sonne hat (vgl. Koh 1,3).

V. 4: Kohelet berichtet von grossen Werken, die er erfolgreich realisiert hat: Er baute sich Häuser und legte Weingärten an. Von alldem wird im Plural berichtet, wodurch ein gewisser Luxus zum Ausdruck gebracht wird. – V. 5: Hier ist von Gärten mit Fruchtbäumen und Parkanlagen die Rede. Die «Parkanlagen» werden mit unserem Wort «Paradies» (hebr. *pardesim*) zum Ausdruck gebracht. Mit «Paradies» werden im Alten Testament königliche Parkanlagen mit einem grossen Baum- und Sträucherbestand bezeichnet (vgl. Hld 4,13; Neh 2,8 [«Forst»]; 2Kön 25,4). – V. 6: Die Gärten bedürfen der Wasseranlagen; Teiche, Zisternen und Wasserleitungen sind zwingend notwendig. – V. 7: Das luxuriöse

Leben benötigt eine grosse Dienerschaft und viel Viehbesitz. – V. 8: Der Hinweis auf den Reichtum erreicht einen Höhepunkt, denn dazu gehören Silber und Gold, Provinzen, Sänger und Sängerinnen und viele Frauen. Das Nomen (*šiddâ*) am Ende von V. 8 ist in seiner Bedeutung unsicher; es begegnet im Alten Testament nur an dieser Stelle. Die Zürcher Bibel übersetzt: «Frauen und nochmals Frauen», vielleicht ist hier an einen grossen Harem gedacht.

V. 9–11 geben eine Wertung des aufgehäuften unermesslichen Reichtums. In der Fiktion als König Salomo konstatiert Kohelet, dass er immer reicher und reicher wurde. Sein Herz und Verstand seien angesichts des vielen Besitzes froh geworden (V. 10). Als Fazit kommt er jedoch wieder zu der Feststellung: «Siehe, da war alles nichtig und ein Greifen nach Wind, und es gab keinen Gewinn unter der Sonne» (V. 11).

In Kohelet 5,17–19 unterbreitet er seinen Lebensentwurf, den er als gut und schön beschreibt: zu essen, zu trinken und Gutes zu sehen in aller Mühsal unter der Sonne, in den begrenzten, von Gott geschenkten Lebensjahren (vgl. Koh 2,3). Man kann diese Lebenshaltung unter dem Stichwort «*carpe diem*», d. h. «pflücke/geniesse den Tag» zusammenfassen (vgl. auch Koh 2,24; 3,12.22). In allen diesen guten Dingen, die ihm zusammen mit der Mühsal des Lebens begegnen, erkennt Kohelet eine Gabe Gottes (V. 18). Dabei geht es um die Freude am Augenblick, die die Kürze des Lebens vergessen lässt.

Es sind zwei Gedanken, die in Kohelet 2,24–26 hervorstechen und zum Thema «Lebensgenuss» zählen: 1. Kohelet ruft zum Essen, Trinken und Gutes tun auf, denn auch das kommt «aus Gottes Hand». Hier steht er deutlich in der Tradition des alttestamentlichen Gottesglaubens, die um Gott als Schöpfer, Geber und

Erhalter weiss. Die Welt ist und bleibt Gottes Werk. 2. Durch den Schluss von V. 26: «Auch das ist nichtig und ein Greifen nach Wind», fügt er die menschlichen Grundbedürfnisse in sein Konzept der Mühe und Vergänglichkeit ein und wehrt somit einen hemmungslosen Genuss ab.

Frau

Der Abschnitt Kohelet 7,24–29 gehört inhaltlich zu den schwierigsten innerhalb des Koheletbuchs. Wie sind die Aussagen Kohelets über «die Frau» zu verstehen? In der Kohelet-Auslegung finden sich folgende Deutungen:

Eine Gruppe von Auslegern (u. a. Lohfink, Schwienhorst-Schönberger, Michel) geht davon aus, dass es sich um das Zitat einer frauenfeindlichen Tradition handele (V. 26). Es müsse auf dem Hintergrund von Kohelet 9,9 gelesen werden: «Geniesse das Leben mit einer Frau, die du liebst, all die Tage deines flüchtigen Lebens, die er dir gegeben hat unter der Sonne, all deine flüchtigen Tage.» Kohelet widerlege in 7,26–29 die dort formulierten frauenfeindlichen Traditionen: V. 26 sei ein Zitat dieser Tradition und V. 27f müsse als Kohelets Kommentar dazu verstanden werden. Die Ausleger verorten diese Tradition in der griechisch-hellenistischen Welt, da in der jüdischen Tradition keine frauenfeindlichen Traditionen zu finden seien, im Gegenteil: «Wer eine Frau gefunden hat, der hat das Glück gefunden» (Spr 18,22).

Eine weitere Gruppe (Lauha, Zimmerli) versteht den Abschnitt als eine deutliche Kritik Kohelets am weiblichen Geschlecht. Nach Lauha (144f) zur Stelle, möchte Kohelet in 7,27–29 zeigen, dass man nie eine echte, tadellose Frau finde. Dies sei Kohelets

Lebenserkenntnis. Er nehme hier die alte weisheitliche Erkenntnis auf, dass nämlich der junge Mann vor den Verführerinnen geschützt werden müsse. Dies habe sich bei Kohelet zum Verdacht gegen alle Frauen ausgeweitet. Kohelet sei bestürzt über die Gefährlichkeit der Frau. Nach Zimmerli beschreibt Kohelet die Labilität des Menschen mit Blick auf das weibliche Geschlecht. Es gehe um die gefährliche Begegnung mit der Frau.

Eine dritte Deutung bezieht den Inhalt von Kohelet 7,26–29 auf die Frau als Verführerin, aber die Aussagen könnten allein der *fremden* Frau gelten, die den jungen Mann von der Weisheit abbringe. Kohelet nehme hier ein Thema auf, das in Sprüche 2,16–19; 5; 6,20 – 7,27; 9,13–18 begegne: die Warnung vor der fremden Frau (Galling, Gese u. a.). Diese Deutung fügt sich m. E. am besten in das Koheletbuch ein. Die These, dass Kohelet hier eine frauenfeindliche Tradition zitiere, ist insofern schwierig, als diese Tradition deutlicher hätte angezeigt werden müssen, ebenso hätte man die Nennung der Vertreter dieser Richtung erwartet. Die zweite Deutung steht im Widerspruch zu Kohelets Hochschätzung des Zusammenlebens mit der Frau, die er liebt (Koh 9,9).

Kohelet 7,24–29 wird in V. 25 mit zahlreichen synonymen Wendungen eingeleitet, die uns schon ähnlich in Kohelet 1,13.17; 2,3.12 begegnet waren. Die etwas umständliche Sprache soll Kohelets Bemühungen der Ergründung dessen, was Weisheit und was Torheit ist, beschreiben. Dies soll auch die mit Partizip und selbstständigen Personalpronomen beginnende Einleitung in V. 26a zum Ausdruck bringen: «Und nun finde ich» (nach langer Suche): «Die Frau ist *bitterer* als der *Tod*, sie ist eine Schlinge, ihr Herz ist ein Netz, ihre Hände sind Fesseln.» Die Aussage erinnert an Sprüche 5,3ff, wo von der «fremden Frau»,

d. h. der Frau eines anderen, die Rede ist, und es heisst, dass ihr Gaumen glatter als Öl und sie *bitter* wie Wermut und scharf wie ein zweischneidiges Schwert sei. In Sprüche 7,27 ist davon die Rede, dass ihr Haus ein Weg ins Totenreich sei, der zu den Kammern des *Todes* führe. – Nach V. 26b kann der Mensch, der Gott gefällt, dieser Frau entkommen, der Sünder aber wird von ihr gefangen.

In V. 27b wird das Leitwort «Erkenntnis» (*ḥäšbôn*) aus V. 26 wieder aufgenommen. Es wird notiert, dass hier ausdrücklich die Meinung Kohelets festgehalten wird. Er hat einen Mann unter tausend gefunden, aber eine Frau hat er nicht gefunden. Es ist nicht recht deutlich, was Kohelet meint. Meines Erachtens geht es um die schwierige Freundschaft unter Männern und die Unmöglichkeit derjenigen mit einer Frau. Der Abschnitt endet in V. 29 mit dem Bekenntnis, dass Gott den Menschen recht geschaffen habe, diese aber weiterhin auf der Suche nach Erkenntnis seien.

Jugend

Kohelet 11,7 – 12,1a liest sich als ein Plädoyer für die Jugend, für das Leben:

V. 7f: «das Licht», «die Sonne» schauen, sind Metaphern für Leben; Licht und Sonne stehen zugleich sinnbildlich für das Lebensglück (vgl. auch Jes 30,26; Mal 3,20). In V. 8 nennt Kohelet im Gegensatz zu V. 7 die «dunklen Tage», die sich entweder auf ein schweres Lebensschicksal oder gar auf den Tod beziehen. Er beschreibt in beiden Versen zum einen den Willen zum Leben und zum anderen die Unwägbarkeiten des Lebens. Er betont jedoch das Festhalten an der Lebensfreude und dem Lebensgenuss.

V. 9f werden die Satzteile jeweils mit einem Imperativ eröffnet: «Freue dich» (V. 9a), «geh deinen Weg» (V. 9a), «wisse» (V. 9b), «lass dein Herz frei sein» (V. 10a), «halte deinen Leib». Kohelet spricht den «Jüngling» (*baḥûr*) an; damit ist der junge, unverheiratete Mann im Alter von ca. 17–22 Jahren gemeint. Die Wortwahl fällt auf, in der älteren Weisheit hätte in V. 9a sicherlich «Sohn/mein Sohn» gestanden. Der Jüngling steht stellvertretend für «die Jugend». Diese ist nach Kohelet eine den jungen Menschen von Gott geschenkte Zeit. In V. 10b betont Kohelet die Flüchtigkeit der Jugendzeit («Denn Jugend und schwarzes Haar sind flüchtig») und beschreibt deren typische Merkmale. Der Jugend stellt er das Alter entgegen, das er als eine Zeit der Nähe des Todes beschreibt.

Schwer zu deuten ist die Aussage in V. 9b, wo davon die Rede ist, dass Gott «mit dir (dem Jüngling) ins Gericht gehen wird». Es ist nicht ausgeschlossen, dass hier ein Nachtrag vorliegt, der möglicherweise aus Kohelet 12,14a («Denn alles Tun bringt Gott vor ein Gericht») hier eingefügt wurde. Die Wendung «ins Gericht gehen» findet sich sonst nicht bei Kohelet. Vielleicht versteht der Verfasser von 12,14a diese Wendung als eine Interpretation der Rede Kohelets vom «Windhauch»?

Kohelet 12,1: Der Vers beginnt mit dem Imperativ «denke an deinen Schöpfer». Kohelet ruft die Jugend auf, an Gott zu denken. Die Rede von Gott als Schöpfer hat Kohelet bereits in 3,11; 7,13; 11,5 angesprochen. Er nimmt hier Aussagen von Genesis 1,1.21 und 2,3 auf.

Alter

Kohelet befasst sich in 12,1b–7 nun ausführlich mit eindrücklichen, ja poetischen Bildern mit dem Altern und dem Alter. Nach den hellen Tagen der Jugend nimmt er «die schlechten Tage» (12,1b) in den Blick, wenn «Jahre kommen, von denen du sagen wirst: Sie gefallen mir nicht». Damit meint er die beschwerliche Zeit des Greisenalters und des drohenden Lebensendes.

V. 2 unterscheidet sich inhaltlich nicht von V. 1, lediglich der Hinweis auf die klimatischen Erfahrungen Palästinas sind neu. Kohelet verweist auf die Winterjahreszeit, in der die Helle des Sonnenlichts bei Tag und in der Nacht das Licht der Sterne fehlen. Und nach dem Regenguss kommen die Wolken zurück, die Helle fehlt ebenso. Kohelet vergleicht die widrige winterliche Jahreszeit mit der widrigen Lebenszeit des Alters.

In V. 3–6 wird mit unterschiedlichen Bildern das beschwerliche Greisenalter verdeutlicht. Man kann von einer «Allegorie», d. h. Symbolisierung, Veranschaulichung, sprechen. Der alte Mensch wird mithilfe eines Hauses und des menschlichen Körpers beschrieben. In V. 3a werden zunächst die zitternden «Wächter des Hauses» beschrieben. Damit sind wohl die Hände und Arme gemeint, die jetzt nicht mehr wie in jungen Jahren zur Verteidigung fähig sind, sondern mit dem Alter zu zittern beginnen. Mit den «starken Männern», die sich krümmen, sind wohl die Beine gemeint, die früher beim Laufen Halt gaben, jetzt aber im Alter krumm werden. – V3b spricht von den «Müllerinnen», die nur noch wenige sind. Damit könnten die Zähne gemeint sein, die im Alter weniger werden und ihren Dienst versagen. Und mit «dunkel werden, die aus den Fenstern schauen» sind wohl die Augen gemeint, deren Sehvermögen schwindet.

In V. 4 wechseln die allegorischen Bilder. V. 4a spricht von den verschlossenen Türen zur Strasse (*šûq*) hin. Damit sind die Ladenstrassen gemeint, die mit Flügeltüren abgeriegelt werden können. Hier spricht Kohelet wohl von den Ohren, die im Alter nicht mehr genügend das Hören unterstützen. Manche Ausleger beziehen das Bild auf die Lippen, die als «Türen des Leibes» verstanden werden müssen. – Kohelet spricht dann vom «Geräusch der Mühle», das «leise wird». Damit ist wohl die Sprache des alten Menschen gemeint, die sich im Alter verändert, schwächer und leiser wird. – V. 4b führt die Liste der Altersgebrechen weiter: Man erhebt sich zur zwitschernden Vogelstimme, und alle Lieder verklingen still; das könnte meinen: Man steht sehr früh auf oder die Stimme des alten Menschen wird schwach und die Fähigkeit zum Singen nimmt ab.

V. 5 beschreibt die Ängste im Alter vor einer Anhöhe sowie diejenigen auf dem Weg. Es kommen drei weitere Bilder hinzu: der Mandelbaum blüht, d. h. die Haare des alten Menschen werden weiss; die Heuschrecke wird schwer, d. h. das Gehen des alten Menschen wird mühsam; die Kaper bricht auf; mit der «Kaper» ist die Frucht des Kapernbuschs gemeint; seine fleischigen Früchte werden gerne in Öl eingelegt und als Vorspeise verzehrt, da man ihnen eine appetitanregende Wirkung zuschreibt; das Aufbrechen der Kaper meint deshalb den nachlassenden Appetit des alten Menschen. – Mit dem «ewigen Haus» meint Kohelet wohl das «Grab», in das der alte Mensch nach seinem Tod gelegt wird.

V. 6 geht über die Beschreibung des Alters hinaus zu derjenigen des Todes. Dieser wird in vier eindrücklichen Bildern beschrieben: das Zerreisen des silbernen Fadens; das Zerspringen der goldenen Schale, das Zerschellen des Krugs an der Quelle und das Zerbrechen des Schöpfrads, das dann in die Zisterne fällt. Die hier genannten Geräte gehören zum täglichen Leben und sind von daher unersetzlich. Das Zerreissen, Zerspringen, Zerschellen und Zerbrechens dieser Geräte schildern eindrücklich das Lebensende durch den Tod.

V. 7 beschreibt die Auflösung des menschlichen Leibs; hierbei greift Kohelet auf Genesis 2,7 zurück, wo von dem Lebensatem, den Gott dem Menschen in seine Nase bläst, die Rede ist. Nach Kohelet kehrt dieser Lebensgeist im Tod zu Gott zurück. Damit begegnet wieder das Thema «Geber» und «Gabe» (vgl. Koh 1,13; 2,26; 3,10f; 5,17f; 6,2; 8,15 u. ö.).

Zusammenfassung: Kohelet 11,7 – 12,7 wird durch das Thema «Jugend und Alter» zusammengehalten. Es geht zunächst um die Beschreibung der jugendlichen Leichtigkeit des Lebens und dann um die Beschwerden des Alters. Formal beginnen Kohelet 12,1.2.6 jeweils mit «bevor/ehe». Dann finden sich eindrückliche Schilderungen der Gebrechen des Alters. Der Abschnitt endet mit dem Hinweis auf den Tod. Er verbindet drei grundlegende Themen des gesamten Koheletbuchs: 1. Der Aufruf – vor allem an die jungen Menschen – sich am Leben zu freuen (Koh 11,7f); 2. Die Beschwerlichkeiten und Anfechtungen des Lebens, besonders des Alters (12,1b–7); 3. Der Aufruf an alle Menschen, sich an ihren Schöpfer zu erinnern.

Zeit

Kohelet 3,1–15 zählt zu den bekanntesten Texten des Koheletbuchs. Er wird mit der These eröffnet: «Für alles gibt es eine Stunde, und Zeit gibt es für jedes Vorhaben unter dem Himmel»

(V. 1). Die beiden Nomina *zᵉman* und *ᶜet* eröffnen den Abschnitt. Das erste Nomen ist ein aramäisches Lehnwort, das nur in den jüngsten Teilen des Alten Testaments begegnet. Im Koheletbuch findet es sich nur hier in 3,1. Beide Nomina sind sich inhaltlich nahe: Sie beschreiben keine Zeitdauer, sondern einen Zeitpunkt bzw. -abschnitt und meinen den richtigen/rechten Zeitpunkt bzw. -abschnitt. In der griechischen Übersetzung werden *zᵉman* mit «Kronos» und *ᶜet* mit «Kairos» übersetzt. Mit dem Stichwort «Zeit» nimmt Kohelet ein Thema auf, das bereits in der älteren Weisheit diskutiert wurde. So heisst es in Sprüche 15,23: «[…] und wie gut ist ein Wort zur rechten Zeit (*bᵉᶜittô*)!»

Für alles gibt es eine Zeit: In V. 2–8 werden listenartig gegensätzliche Paare bestimmter Ereignisse in der Lebenswelt genannt. Die Liste wird in V. 2a mit der Nennung von Gebären und Sterben, den beiden Eckpunkten des Lebens, eröffnet. V. 2b überträgt dies auf den Bereich der Pflanzen. In V. 3 geht es um das soziale Leben und das Handeln der Menschen. Kohelet zeigt, dass jedes Tun ein Gegenteil besitzt: Töten ↔ Heilen; Einreissen ↔ Bauen. Auffallend: in V. 2 steht das positive Ereignis an erster Stelle, in V. 3 ist es umgekehrt, hier steht das negative Tun an erster Stelle. Die menschlichen Emotionen Trauer und Freude stehen in V. 4 im Vordergrund: Weinen und Lachen, Klagen und Tanzen. Mit dem letzten Wortpaar sind das Klagen sowie das Tanzen in einem kultischen und sicherlich auch in einem nichtkultischen Kontext gemeint. «Tanzen» kann einfach auch «hüpfen, springen (vor Freude)» meinen. Über die Auslegung von V. 5 streiten sich die Exegeten: Was bedeutet, «Zeit, Steine zu werfen, und Zeit, Steine zu sammeln»? Geht es um den ehelichen Geschlechtsverkehr bzw. die Enthaltung davon? (vgl. V5b) So wird der Vers in der jüdischen Tradition und bei einigen Auslegern interpretiert.

Oder sind die Steine als Rechensteine zu verstehen? (Galling, 94) Diese beiden Deutungen sind unwahrscheinlich, das verwendete Bild wäre singulär. Mir scheint folgende Erklärung einfacher zu sein: Mit dem Werfen und Sammeln der Steine ist das Bauen eines Hauses oder eines Gebäudes bzw. das Bearbeiten des steinigen Ackers gemeint. Die Verbindung zu V. 5b wird durch das Getrenntsein der Liebenden bei diesen Arbeiten und das Zusammensein danach hergestellt. Die Rede vom Suchen, Verlieren, Bewahren und Wegwerfen (V. 6) führt in den Bereich des Hauses. In V. 7a geht es um das Zerreissen und Nähen, was auch in den häuslichen Bereich führt. In V. 7b steht mit «Schweigen» und «Reden» die Sprache im Vordergrund (vgl. Koh 1,8). Die beiden letzten Paare beziehen sich mit «Lieben» und «Hassen» auf den persönlichen und mit «Krieg» und «Frieden» auf den öffentlichen Bereich (V. 8). Die Liste wird in V. 9 mit der Ausgangs- und Grundsatzfrage Kohelets abgeschlossen: «Welchen Gewinn hat, wer etwas tut, davon, dass er sich abmüht?» (vgl. Koh 1,3)

In V. 10f greift Kohelet den Gedanken auf, dass Gott derjenige ist, der alles Schöne und jede Mühe den Menschen gegeben hat (vgl. Koh 1,13). Gott ist derjenige, der das Tun sowie die Zeit des Menschen lenkt.

Der folgende V. 11 enthält zwei nicht leicht zu deutende Aussagen: Was bedeutet «schön» (V. 11a)? Man kommt nicht umhin, an den ersten Schöpfungsbericht zu denken, wo es heisst, dass Gott alles «gut» geschaffen hat (Gen 1,10 u. ö.). Bei Kohelet schwingt mit dem Adjektiv «schön» kaum die staunenswerte Bewunderung für Gottes Schaffen mit. Es ist eher nüchtern im Sinne von «nützlich/angemessen» zu verstehen (vgl. auch Koh 5,17). Die zweite Schwierigkeit in V. 11 bezieht sich auf das Nomen *ᶜôlâm*, es kann mit «ferne Zeit» (Zürcher Bibel) oder «Ewigkeit» (Luther-Bibel) übersetzt werden. Was bedeutet die Aussage, Gott habe die «ferne Zeit/Ewigkeit» in das Herz der Menschen gelegt? Im Kontext ist es so zu verstehen, dass Gott eine «Dauer», eine «lange Zeit» den Menschen gegeben hat. Der Mensch kann dies aber nicht ergreifen, weil er Gottes Handeln nicht begreifen kann (V. 11b).

Die Schlussverse 3,12–15 enthalten zwei grundlegende Gedanken: 1. Wenn Gott alles zu seiner Zeit «schön» gemacht hat, dann muss der Mensch diese oft nur kurze Zeit unbedingt ergreifen. Denn er weiss nicht, wann diese Zeit kommt und wie lange dieser Zeitabschnitt währt. 2. Gott ist derjenige, der über die Zeit verfügt und diese dem Menschen zur Verfügung stellt. Gott selbst bleibt jedoch unerkennbar und unbeeinflussbar. Für den Menschen bleibt nur die Gottesfurcht als der richtige und einzige Weg zu Gott. V. 15 schliesst den Abschnitt mit der Aussage, die in grosser Nähe zu Kohelet 1,9f steht: «Was einmal geschah, ist längst wieder geschehen, und was geschehen wird, ist längst schon geschehen.» In Kohelet 1,9 heisst es: «Und nichts ist wirklich neu unter der Sonne.»

Tod

Die Rede vom Tod bzw. vom Leben angesichts des Todes ist ein zentrales Motiv im Koheletbuch (Koh 2,12–17; 9,1–10).

Kohelet 2,12–17 beginnt mit: «Da ging ich daran, Weisheit, Verblendung und Torheit zu betrachten» (V. 12a), und ist formal mit Kohelet 2,11 und inhaltlich mit Kohelet 1,17 verbunden. Nicht ganz einfach ist das Verständnis von V. 12b: «Was bleibt dem Menschen zu tun, der nach dem König kommt?» Wer ist mit dem «Menschen» gemeint? König Rehabeam? Geht es um einen Rangunterschied? Meines Erachtens verlässt Kohelet hier die Königsfiktion (vgl. Koh 1,12) und redet von sich und den Menschen allgemein. In V. 13 setzt er wieder mit einem Verb in der 1. Person Singular ein: «Und ich sah (*r'h* – prüfend)». Er stellt fest, dass alle Menschen mit dem Tod das gleiche Geschick teilen (V. 14). Der Tor und der Weise müssen beide sterben (V. 16). Deshalb fragt Kohelet nach dem Sinn, weise zu werden. Denn der Tod setzt allem Streben nach Weisheit eine Grenze und macht damit den Gewinn letztlich sinnlos (vgl. Koh 1,3). Den Gedanken des Todes nimmt Kohelet in V. 16f wieder auf: Weil sowohl der Weise als auch der Tor sterben müssen, gibt es für beide keine Erinnerung. Sie werden vergessen werden. Sie können nichts über den Tod hinaus retten. Welchen Schluss zieht Kohelet daraus? Er spricht sehr rigoros: «Da hasste ich das Leben.» Die Luther-Bibel übersetzt das Verb «hassen» nicht ganz so scharf mit «verdriessen». Die «Neues Leben Bibel» übersetzt: «Da wurde mir das Leben verleidet.» Kohelet möchte mit dieser Aussage deutlich machen, dass der Mensch keinen Einfluss auf das Ende seines Lebens hat. Er fühlt sich ohnmächtig, deshalb «hasst» er das Leben.

Das Leben angesichts des Todes ist auch Thema in Kohelet 9,1–10. Mit V. 1f knüpft Kohelet an das Tun des Gerechten und Weisen an. Das ist schon in der alten Weisheit vorbereitet: «Das Herz des Menschen plant seinen Weg, aber der HERR lenkt seinen Schritt» (Spr 16,9). Dort ist die Aussage mit einem Gedanken des Trosts verbunden, der bei Kohelet fehlt. Er weiss nur von dem fernen und verborgenen Gott. All das, was vor dem Gerechten und dem Weisen liegt, ist nichtig, ist Windhauch. Alle teilen das gleiche Geschick, das Schicksal eines Menschen ist weder von seinem religiösen noch seinem sittlichen Verhalten abhängig.

Jeder Fromme und jeder Gottlose ist vom Tod betroffen (V. 3). Warum ist das so? Den Grund sieht Kohelet in der Bosheit und Verblendung des menschlichen Herzens. Damit nimmt Kohelet einen Gedankengang von Kohelet 8,6.11 wieder auf und evtl. auch Aussagen von Genesis 6,5 und 8,21.

In V. 4–6 geht es um den Vergleich der Lebenden mit den Toten. Die Lebenden haben einen relativen Vorzug vor den Toten. Wer lebt, kann noch hoffen. Kohelet verwendet ein Sprichwort, um seine Aussage zu verdeutlichen: «Ein lebender Hund ist besser als ein toter Löwe» (V. 4b). Das Urteil über Hund und Löwe könnte nicht schärfer sein. Der Hund zählt zu den verachteten und gemeinen Tieren (1Sam 17,43). Der Löwe dagegen steht für das höchste und stärkste Tier. So ist der Geringste, wenn er noch Leben in sich hat, wertvoller als der stärkste Tote! Kohelet schränkt jedoch die Sicht der Lebenden insofern ein, als diese ihr Sterben im Unterschied zu den Toten noch vor sich haben. Die Toten haben keinen Lohn mehr, ihr Andenken ist vergessen, ihr Anteil am Leben mit Lieben, Hassen und Neiden ist dahin. Der Tod bedeutet das Ende des Lebens. Damit sind die Toten zugleich von der Last des Lebens befreit.

V. 7–10 eröffnet mit Interjektionen und Imperativen, der Stil der Darstellung ändert sich: «Auf, iss dein Brot mit Freude, und trink deinen Wein mit frohem Herzen.» Kohelet ruft seine Hörer und Leserinnen zum Essen und Trinken mit Freude auf. Der Mensch soll die hoffnungslose Lebensperspektive hinter sich lassen und sich dem Augenblick mit seinen kleinen Genüssen zuwenden. Kohelet nimmt damit den Gedanken des *«carpe diem»* auf (vgl. Koh 2,24; 3,12.22; 5,17ff): Brot und Wein stehen für die alltäglichen Lebensgenüsse (vgl. Gen 14,18; Ps 104,14f). Diese Freude ist von Gott gebilligt (V. 7b) – In V. 8a ist vom Tragen von weissen Kleidern die Rede als Ausdruck der Freude. Ebenso ist das Salben mit Öl ein Zeichen der Freude, der Ehre und des Ansehens (vgl. Ps 23,5). – Man soll sich am Leben freuen, mit einer Frau, die man liebt, «all die Tage deines flüchtigen Lebens». Wörtlich übersetzt heisst es: «Sieh das Leben an (d. h. geniesse es, freue dich) [...] alle Tage des Lebens deines Windhauchs».

Kohelet 9,1–10 ist inhaltlich und formal 8,10–15 ähnlich. Dort ist davon die Rede, dass es dem Gottlosen im Leben besser gehen kann als dem Gottesfürchtigen. In 9,1–10 betont Kohelet, dass der Gottesfürchtige im Tod keinen Vorzug vor dem Gottlosen hat. In V. 1–6 gibt Kohelet persönliche Erfahrungen wieder. V. 4b liegt ein Sprichwort zugrunde, und ab V. 7 verwendet Kohelet Mahnworte. – Kohelet hebt die Gottbestimmtheit alles Lebens und die Begrenztheit des Menschen durch seine Sterblichkeit hervor. Er weiss um die Bedrängnis und Unfassbarkeit des Lebens, und er ruft zugleich dazu auf, die Freude des Lebens zu ergreifen. Er wagt es nicht das «Leben nach dem Tod» zu beschreiben, aber meines Erachtens streitet er nicht ab, dass es ein Danach geben könnte.

Unrecht

Das Nachdenken über das Unrecht in der Welt spielt bei Kohelet eine bedeutende Rolle. So spricht er in Kohelet 3,16f vom «Unrecht unter der Sonne» (eigene Übersetzung). Mit der Partikel «wiederum» (*w*^{ec}*ôd*) und dem Motivwort «unter der Sonne» (V. 16) knüpft der Abschnitt lose an das Vorherige an. Kohelet führt den neuen Gedanken des Rechts, der Gerechtigkeit, des Unrechts ein (V. 16). In parallelen Formulierungen spricht er von der Stätte des Rechts, wo das Unrecht vordringt, und von der Stätte der Gerechtigkeit, wo das Unrecht ist. Mit der «Stätte des Rechts» sind sowohl der konkrete Ort der Gerichtsbarkeit als auch die sozialen und politischen Bereiche, in denen Gerechtigkeit in die Tat umgesetzt wird, gemeint. Kohelet spricht hier die soziale(n) Ungerechtigkeit(en) und die Bosheit der Menschen im täglichen Leben an. Im Unterschied zu den Propheten erhebt Kohelet jedoch keinen direkten, sondern eher einen leisen Protest dagegen.

Kohelet wendet sich in 4,1–3 dem Phänomen der Unterdrückung und dem Leiden der Unterdrückten durch die Bedrücker zu. Er nennt keine konkreten Beispiele, so hätte er etwa mannigfache Exempel der Unterdrückung in der Geschichte Israels auswählen können. Hier zeigt sich wiederum deutlich, dass Kohelet sich nicht als einen der Propheten versteht, die immer wieder die Unterdrückung des Volkes beschrieben und zu Hilfe und Umkehr aufgerufen haben (vgl. u.a. Jes 40). Kohelet geht einen anderen Weg. Er begnügt sich damit, die Bedrückungen und die Tränen der Bedrückten festzustellen. Für ihn sind Bedrückungen und Bedrückte, Trostlosigkeit und Tränen die Lebensrealität. Deshalb preist er die Toten und sogar die, die noch nicht geboren sind, glücklich, weil sie von dieser Realität nicht mehr bzw. noch nicht betroffen sind. Kohelet führt hier Gedanken von 2,17 und 3,19 weiter: Dort redet er davon, dass er das Leben hasst (Koh 2,17), und vom Tod, der das Schicksal der Menschen und der Tiere gleichermassen bestimmt (Koh 3,19). In Kohelet 4,3 preist er die Toten glücklicher als die Lebenden. Denn die Toten erleben nicht das Unrecht und die Bedrückung, die das

Leben und das Lebensglück zerstören. Die Lebenden sind in das Diesseits eingeschlossen, die Rede vom Trost durch Gott, wie sie z. B. in Jesaja 25,8 formuliert ist («die Tränen wird Gott der HERR von allen Gesichtern wischen», zitiert nochmals in Offb 7,17), ist Kohelet fern. Aus dem Fehlen solcher Trostworte darf jedoch keineswegs auf eine Gottvergessenheit Kohelets geschlossen werden.

Kohelet behandelt in 5,7 das Thema der sozialen Ungerechtigkeit; er knüpft damit an Aussagen von Kohelet 3,16 und 4,1 an. Es gibt in der Gesellschaft Bedrückung und Rechtsverletzungen, er spricht vom «*gzl*/Raub» (eigene Übersetzung Koh 5,7a) in der Provinz (*m^{e}dînâ*). Das aramäische Nomen «Provinz» ist die Bezeichnung für einen Verwaltungsbezirk und kann wie in 5,7 auf ein Teilgebiet der Satrapien des Perserreichs bezogen werden, in diesem Fall ist wohl Juda gemeint. Kohelet vermeidet die Nennung konkreter Missstände, er blickt auf strukturelle Mängel der staatlichen Herrschaft, bei den Statthaltern und der Beamtenschaft. Die Verwaltungshierarchie schützt und stützt sich gegenseitig, sie ist korrupt, sodass Gerechtigkeit nicht durchgesetzt wird.

Kohelet 8,10–15 gehört in den Kontext von drei weiteren Texten (Koh 7,25 – 8,1; 8,2–8; 8,9–17), die sich mit dem Thema der Ungerechtigkeit befassen. In 7,25 – 8,1 geht es um die Warnung vor Frau Torheit bzw. der Ehebrecherin (vgl. Spr 5 u. ö.) als Beispiel für Ungerechtigkeit im persönlichen Umfeld. Die Ungerechtigkeit der Macht steht im Zentrum von Kohelet 8,2–8, und in 8,10–17 geht es um die Ungerechtigkeit der Welt (vgl. auch Koh 3,16f; 4,1–4; 5,7f; 7,15).

Der Abschnitt Kohelet 8,10–15 befasst sich mit Frevlern und Gerechten.

V. 10: Kohelet greift auf die alte Überzeugung der Weisheit zurück, nach der es dem Gerechten und Frommen gut geht, dem Frevler aber geht es schlecht (Tun-Ergehen-Zusammenhang). Meines Erachtens denkt Kohelet hier an Psalm 15 und 24,3–5, wo davon die Rede ist, dass derjenige bei Gott Gast sein darf, der unsträflich wandelt, Gerechtigkeit und Weisheit übt, recht redet. In V. 10 stellt Kohelet diese Überzeugung jedoch infrage: Die Frevler wurden ehrenvoll begraben, die Gerechten aber werden in der Stadt vergessen. Sie mussten von «der heiligen Stätte» weichen, dem Ort, an dem sie ihren Glauben und ihre Frömmigkeit ausüben konnten. Damit kann der Tempel, die Synagoge, der «Berg des Herrn» oder auch Jerusalem gemeint sein.

Kohelet kritisiert mit V. 11.12a die Verzögerung des Urteils über den Frevler. Weil die Frevler davon wissen, sind sie der Meinung, nicht unbedingt für Böses bestraft zu werden. Auf diese Weise wächst das Böse an. Es ist m. E. unwahrscheinlich, dass Kohelet an ein endzeitliches Gericht durch Gott denkt (so Schwienhorst-Schönberger, 428f), denn Kohelet sieht nur das, was «unter der Sonne» geschieht. Kohelet übt scharfe Kritik an Gerichts- und Verwaltungspraktiken, vielleicht auch an Korruption.

Kohelet spricht in V. 12f in der ihm eigentümlichen «Zwar-Aber-Aussage»: «*Zwar* lebt ein Sünder, der hundertmal Böses tut, doch lange …» (eigene Übersetzung). V. 12b und V. 13 gehören zusammen. V. 12b wird mit einem Bekenntnis Kohelets eröffnet: «Ich aber weiss», d. h. «ich bin der festen Überzeugung». Er glaubt an den Sinn der göttlichen Ordnung. Er weiss, dass die Gottesfurcht Gutes bringen wird. Dieses Bekenntnis überrascht, deshalb rechnen einige Kommentatoren hier mit der Einfügung einer «orthodoxen Lehrmeinung» (Lohfink u. a.) bzw. einem ironischen Kommentar zu V. 12a (Krüger). Die Nähe der Aussage zu Kohelet 7,20 spricht gegen diese Thesen. Zudem fällt auf, dass der übliche Zusatz Kohelets, «auch dies ist Windhauch», fehlt.

Inhaltlich findet sich in V. 14 eine Nähe zu V. 10–12. Gegen das in V. 10–12 beschriebene Wissen steht die unmittelbare Wahrnehmung und Erfahrung des Menschen. Diese Wahrnehmung bringt den Menschen in Bedrängnis. Formal besteht V. 14 aus zwei gleich gestalteten Sätzen *(parallelismus versuum)*: «Es gibt Gerechte, denen …» – «… und es gibt Frevler, denen …» Kohelet beschreibt Einzelfälle: «Es kann so und so geschehen, dass …»

Kohelet preist in V. 15 die Freuden des Lebens: essen, trinken, fröhlich sein (vgl. auch Koh 5,17). Reichtum und Überfluss garantieren kein Glück. Kohelet empört sich nicht gegen die Ungerechtigkeit der Welt. Er rät dazu, sich mit dem «kleinen Glück» zu begnügen. Dies hilft, die unbeantworteten Fragen des Lebens zu tragen. Lauha schreibt in seinem Kommentar zu dieser Stelle, dass die Freude hier gleichsam als «Betäubungsmittel» diene. Meines Erachtens ist das eine abwertende und wohl auch falsche Einschätzung. Der Aufruf zur Freude ist wahrhaftig, hier gibt es keine Bitterkeit. Kohelet weiss sich trotz aller Bedrängnis gehalten.

Die Aussagen und der Stil in Kohelet 8,10–15 sind in einigen Punkten typisch für Kohelet: Ich-Stil; die Wendung «auch das ist nichtig» (V. 10.14); zwei Redegänge in V. 10 und V. 11–14 mit dem abschliessenden Urteil in V. 15. – Lauha schreibt zu dem Abschnitt, dass es hier um «das Versagen der göttlichen Weltordnung» gehe. Ich glaube, man sollte vorsichtiger formulieren: Kohelet beobachtet, dass es den Gottlosen gut gehen kann und die Gerechten von grossem Unglück getroffen werden können.

Diese Beobachtung begegnet auch sonst im Alten Testament. In Psalm 37,10; 49,17 und 73,18f wird von der Begegnung des Gerechten mit Gott gesprochen. Er weiss sich dennoch in der Hand Gottes geborgen (Ps 73,25f; Hiob 42,5f). Kohelet spricht nicht von der persönlichen Geborgenheit in Gott, sondern er redet davon, das tägliche Glück zu geniessen im Angesicht des Todes. Von daher kann man m. E. nicht wie Lauha sagen, dass Kohelet in einer Sackgasse endet.

Was ist gut?

Der Abschnitt Kohelet 7,1–14 besteht aus sieben kurzen Reflexionen zu unterschiedlichen Themen. Das Leitwort ist das Adjektiv «gut», das zu «besser», «im Vergleich zu» gesteigert wird. In Kohelet 6,12 wird gefragt: «Wer weiss denn, was gut ist für den Menschen im Leben?» An diese Frage knüpft Kohelet 7,1–14 an. Die meisten Aussagen sind Vergleiche, nur in den beiden letzten Sprüchen fehlt der direkte Vergleich (V. 13f).

Der gute Ruf ist besser als guter Geruch (Koh 7,1). Kohelet knüpft an Sprüche 22,1 an: «Ein guter Ruf ist wertvoller als grosser Reichtum.» Mit dem «guten Ruf» ist das hohe Gut der Ehre gemeint. Dieser ist dem guten Geruch, der z. B. beim Zubereiten einer Mahlzeit verströmt, vorangestellt. – Der zweite Teil von V. 1 überrascht: Der Sterbetag wird über den «Tag des Gebärens» gesetzt. Denn der Todestag ist der Tag, an dem alle Mühen des Lebens ein Ende haben, weshalb Kohelet die Toten glücklich preisen kann (vgl. Koh 4,2).

V. 2: «Besser, in ein Haus zu gehen, wo man trauert, als in ein Haus zu gehen, wo man feiert», sagt Kohelet. Im Trauerhaus begegnet man im Unterschied zum Ort des Feierns der Realität des Todes. Hier zeigt sich ein Grundzug des Denkens Kohelets: Der Mensch lebt im Angesicht des Todes, «*coram morte*», dies darf er nie vergessen. Nur da, wo der Mensch sich dessen bewusst ist, kann er sein Leben geniessen.

V. 3–4: «Besser verdriesslich sein als lachen»: Wiederum stellt Kohelet die übliche Lebensanschauung auf den Kopf. Die beiden Verse zeigen eine gewisse Nähe zu Sprüche 14,13: «Auch beim Lachen kann das Herz voller Schmerzen sein, und am Ende wird aus Freude Bitterkeit.» Man darf Kohelets Überzeugung auf keinen Fall als Aufforderung zu einem bestimmten Verhalten verstehen, bei dem negative Emotionen besser sind als positive. Nach Kohelet begegnet die Wahrheit des Lebens eher im Kummer als im Lachen.

V. 5–7: Besser eine Zurechtweisung durch einen Weisen als der Gesang von Toren. Die Verse sind auf dem Hintergrund von Sprüche 15,32b zu sehen, wo es heisst: «Wer […] auf die Ermahnung hört, erwirbt Vernunft.» Kohelet stellt die bedrängende Lebenssituation dem Lachen der Toren gegenüber. Er verdeutlicht dies mit einem Bild, bei dem das hebräische Nomen *sîr* Verwendung findet, das sowohl mit «Topf» als auch mit «Dornen» übersetzt werden kann. Die Dornen dienen als Brennmaterial und stehen hier offenbar mit dem siedenden Topf für das Lachen der Toren. Im Unterschied zum Holz sind Dornen als Brennmaterial ineffektiv, was Kohelet auf das Lachen der Toren überträgt. In V. 7 weist er auf die Gefahren von «Unterdrückung» und «(Bestechungs-)Geschenken» hin. Sie können auch für den Weisen zu einer Verführung werden (vgl. ähnlich Ex 23,8; Dtn 16,19).

V. 8a: «Ende gut, alles gut!» Das Sprichwort fusst auf der Überzeugung der älteren Weisheit, nach der das «Ende», der

«Ausgang» einer Sache besser ist als ihr Anfang (vgl. Spr 24,20: «Denn der Böse hat keine Zukunft» (andere Übersetzung: kein Ende).

In V. 8b findet sich ein weiteres Sprichwort: «Besser langmütig als hochmütig.» Der Langmütige braust nicht schnell auf, der Jähzornige dagegen handelt oft zu schnell und unüberlegt.

V. 9–10: Die beiden Verse nehmen auf die obigen Sprichworte Bezug: V. 9 nimmt V. 8b auf: Der hochfahrende und jähzornige Sinn führt zu Verdruss und Ärger. Kohelet nennt als Beispiel die Toren, die beides in sich tragen. V. 10 bezieht sich auf V. 8a und rückt die Aussage in ein kritisches Licht: Die Rede von der «guten alten Zeit» ist eine Torheit. Die gute Vergangenheit gab es nach Kohelet nie, denn die Welt war auch schon damals vom Tod bedroht. Kohelet lenkt den Blick auf die Gegenwart.

V. 11–12: Die beide Verse sind auf dem Hintergrund der älteren Weisheit zu verstehen, die sagt: «Es ist besser, Weisheit zu erwerben als Gold, und Verstand zu erwerben ist wertvoller als Silber» (Spr 16,16). Kohelet hingegen stellt Weisheit und Reichtum auf eine Ebene. Das eine ist so relativ wie das andere. So vergänglich wie der Reichtum, so vergänglich ist auch die Weisheit. Beides nützt nur denen, «die die Sonne schauen», d. h. solange sie leben. Doch immerhin gesteht Kohelet zu: «Wer Weisheit hat, den erhält sie am Leben.»

V. 13–14: Hier geht es um das Walten Gottes. Ähnlich wie in 1,15 betont Kohelet, dass der Mensch das Krumme nicht wieder gerade machen kann, das heisst, dass der Mensch seine Lebensumstände und sein Los nicht ändern kann. Die Deutung, dass das Bildwort auf den krummen Rücken des Greises anspielt (so Galling, 107), ist wohl zu eng gedacht. Kohelet betont, dass der Mensch das Gute aus der Hand Gottes ergreifen soll, aber er soll sich auch bewusst sein, dass auch das Unglück aus seiner Hand kommt. Das erinnert an Hiob 2,10: «Das Gute nehmen wir von Gott, und das Böse sollten wir nicht annehmen?» Im Unterschied zu Hiob ist bei Kohelet jedoch die Distanz zu Gott grösser.

Selbstgerechtigkeit

Kohelet 7,15–22 besteht aus den beiden Teilen V. 15–18 und V. 20–22, die durch ein Spruchzitat in V. 19 getrennt sind.

V. 15 wird mit einer für Kohelet charakteristischen Wendung eröffnet: «Beides sah ich …»; er betont dabei «in meinen flüchtigen Tagen», d. h. «die Tage des Windhauchs», und gibt damit zu erkennen, dass er von Beobachtungen spricht, die die «Nichtigkeit des Lebens» zeigen. In V. 15b wird ein scharfer Gegensatz formuliert: «Da ist ein Gerechter, der zugrunde geht in seiner Gerechtigkeit, und da ist ein Ungerechter, der lange lebt in seiner Bosheit.» In der alten Weisheit gab es die feste Überzeugung, dass Gerechtigkeit ein glückliches Leben garantiert, während die Bosheit ihren Täter ruiniert. Nach Kohelet zeigt die Realität jedoch viele gegenteilige Fälle: Trotz seiner Gerechtigkeit wird dem einen das Leben genommen, und trotz seiner Bosheit hat der andere ein langes Leben.

Aufgrund dieser Beobachtung formuliert Kohelet mit einem ironischen Unterton: Sei nicht allzu gerecht, sei nicht allzu sehr ein Frevler. In übertriebener Form können Gerechtigkeit und Weisheit dem Menschen zum Nachteil gereichen. Umgekehrt gilt aber: Man darf auf keinen Fall auf das Unrecht aufbauen. Das Leben eines Toren kann sich durch einen vorzeitigen Tod rächen (V. 16f). Die Aussage von V. 18 überrascht: «Gut ist es, wenn du dich an das eine hältst und auch vom anderen nicht lässt.» Sie meint wohl, dass man Mass halten soll, an Gerechtigkeit und Ungerechtigkeit und an Weisheit und Torheit. Man darf diesen Vers nicht missverstehen, am Ende heisst es nämlich: «Wer Gott fürchtet, wird beidem gerecht.» Man soll Gott fürchten, d. h. ihn als alleinigen Herrn anerkennen.

V. 19 kann als Sprichwort gedeutet werden, da es lose in den Kontext eingefügt ist: «Die Weisheit macht den Weisen stärker als zehn Machthaber in der Stadt.» Es geht um den Vorteil der Weisheit, die stärker ist als zehn Machthaber. Das Nomen «Machthaber/Gewalthaber» kann durchaus als eine Anspielung auf die Verwaltungsinstitutionen in den hellenistischen und jüdischen Städten verstanden werden.

V. 20–22: Die Rede, dass es keinen Menschen auf der Erde gebe, der ganz gerecht sei, findet sich auch an anderen Stellen im Alten Testament: Hiob 15,14–16; Sprüche 20,9. Formal enthält der Abschnitt einige Mahnungen in der Du-Anrede. Das Adjektiv «gut» (V. 20) verbindet ihn mit Kohelet 7,1–14. Es geht um die Beobachtung, dass Gerechtigkeit nicht zwangsläufig Segen und Sündhaftigkeit nicht zwangsläufig eine Strafe mit sich bringt (vgl. ähnlich Koh 2,14f; 8,14; 9,2f). Kohelet hinterfragt die herkömmlichen Grundüberzeugen der Weisheit. Er betont, dass der Mensch ganz und gar in der Hand Gottes steht und allein Gott fürchten soll.

König

Der König ist mehrfach im Blickfeld Kohelets. Kohelet 4,13–16 wird mit einem Vergleich- und Komparativspruch eröffnet: «Besser ein Kind, arm aber weise, als ein König, alt aber töricht, der nicht mehr die Einsicht hat, sich warnen zu lassen.» Kohelet stellt Armut und Weisheit der Torheit, die Jugend dem Alter sowie ein Kind dem machtvollen König gegenüber. Die Torheit des Königs besteht darin, dass er sich gegenüber guten und klugen Ratschlägen verschliesst. So zeigt er sich als König ohne Weisheit. Dann spricht Kohelet von der Armut als bleibendem Zustand: Selbst der junge Weise, der aus dem Gefängnis – und damit aus der Armut! – auf den Thron gekommen ist, schafft es nicht, die Armut zu überwinden (V. 14). Ob Kohelet hier auf die Josefsgeschichte anspielt? (Gen 37–50) Zumindest der Hinweis auf den Aufstieg aus dem Gefängnis in ein hohes Staatsamt würde dafürsprechen. Die nachfolgende Rede geht aber in eine andere Richtung: Die anfänglichen Ovationen des Volkes für den neuen König ebben schnell ab, die Gunst des Volkes ist trügerisch (V. 15f). Kohelet betont, dass es keinen beständigen Wert im Leben gibt (vgl. auch Koh 2,4–11).

Einen anderen Blick auf den König findet sich in Kohelet 5,8. Hier wird der König als «Gewinn für das Land» beschrieben. Diese Bemerkung steht jedoch in Spannung zu den königskritischen Beschreibungen in Kohelet 5,7. Deshalb wird V. 7 gerne als korrigierender Zusatz von einer anderen Hand bewertet. Meines Erachtens nimmt Kohelet hier ein dem Deuteronomismus nahestehenden Gedanken auf, der die Bedeutung eines Königs für einen Staat betont (vgl. etwa Ri 21,25). Kohelet beschreibt nüchtern die Verhältnisse in Juda, er bleibt Realist, er wehrt eine Idealisierung des Staates ab. Hier zeigt sich wieder der Unterschied zwischen ihm und den Propheten. Die Propheten haben Gesetzlosigkeiten scharf kritisiert und zur Abkehr und Umkehr aufgerufen.

Kohelet 8,1–9 beschreibt das Verhältnis von König/Herrscher und Untertan. In V. 1 wird bewundernd von der Weisheit gesprochen, was eigentlich nicht auf der Deutungslinie Kohelets liegt. Es wird gefragt: «Wer versteht es, ein Wort zu deuten?» Die Antwort darauf ist: «Der Weise» – In V. 3 und V. 5 ist vom «Schlechten» die Rede; V. 5 und V. 6 werden «Zeit und Gericht» und V. 8 und V. 9 die Macht des Menschen und ihre Grenzen thematisiert.

V. 2 beginnt mit der Mahnung, dem Befehl des Königs zu gehorchen. Als Begründung wird auf den Gotteseid verwiesen – mit *waw explicativum* («und zwar»). Offenbar gab es zur Zeit Kohelets den vor Gott abgelegten Treueeid, die königliche Macht war also religiös gebunden.

In V. 2–4 wird davor gewarnt, sich gegen den Machthaber aufzulehnen, denn er ist im Besitz von Machtmitteln. Der König ist dem einfachen Untertanen in jeder Hinsicht überlegen. Er besitzt Macht, und keiner kann ihm vorschreiben, was er tun und lassen soll. Kohelet greift hier auf die Verbalwurzel *šlṭ* («herrschen/erlauben/gestatten») zurück (vgl. Koh 2,19; 5,18; 6,2; 8,9 u. ö.).

In V. 5–7 nimmt Kohelet den Gedanken der Zeit wieder auf. Jedes Vorhaben hat seine Zeit und sein Gericht; diesem Gesetz ist auch der König unterstellt.

In V. 8 zeigt Kohelet an vier Beispielen die Machtlosigkeit des Menschen gegenüber dem Verlauf der Zeit, die Aufzählung erinnert formal an die Zahlensprüche der Weisheit: 1. Der Mensch hat keine Macht über den Wind, der Wind ist unverfügbar (vgl. Koh 1,6; 11,5). 2. Der Mensch hat keine Macht über den Tag des Todes (vgl. Koh 2,16; 3,19ff; 5,14 u. ö.). 3. Im Krieg gibt es für den Menschen kein Entrinnen. 4. Unrecht kann seinen Täter nicht retten.

Abschliessend betont Kohelet, dass das Geschilderte auf seinen eigenen Erfahrungen beruht (V. 9). Offenbar stehen im Hintergrund Auseinandersetzungen Kohelets mit den Machthabern, er hat eine ungerechte Gewaltausübung am eigenen Leib erfahren. Er überträgt dies auf die Allgemeinheit und beschreibt die Ratlosigkeit und Hilflosigkeit des Menschen inmitten des politischen Geschehens.

Nachworte

Das Koheletbuch schliesst mit zwei Nachträgen, die wohl später hinzugefügt wurden.

In Kohelet 12,9–11 liegt ein erster Nachtrag vor, der *über* Kohelet spricht, ihn bewertet. Kohelet wird gelobt: Kohelet sei ein Weiser im besten Sinne des Wortes gewesen, er habe das Volk Erkenntnis gelehrt. Kohelet habe «Sprüche» verfasst und diese seien richtig und wahr gewesen. Mit den Sprüchen sind kunstfertige Sprüche gemeint, die lehren und erziehen sollen. In V. 9b wird die Arbeit Kohelets mit diesen Sprüchen beschrieben: «abwägen» (das Verb *`zn* ist wohl von der «Waage» abzuleiten), «erforschen» (*ḥqr*) und «gerade machen» (*tqn*). In V. 10 wird die Aussage von V. 9 durch den Hinweis auf «gefällige Worte» und «wahre Worte» erweitert. Dadurch wird der ethische Charakter von Kohelets Tätigkeit betont. «Gefällige Worte» meint auf keinen Fall, dass er den Menschen nach dem Mund geredet hätte, es geht vielmehr um ästhetisch schöne und kluge Worte. Das Streben nach der guten Form und nach der Wahrheit bilden eine Einheit. So wird die Klugheit und Verantwortung Kohelets in seiner Verkündigung betont.

V. 11 nimmt ein Sprichwort aus dem bäuerlichen Leben auf: «Worte von Weisen sind wie Ochsenstacheln, und wie eingeschlagene Nägel sind gesammelte Sprüche.» Das Nomen «Ochsenstachel» (*dårbôn*) begegnet nur hier und in 1. Samuel 13,21. Es beschreibt den Stachel, mit dem der Bauer das Zugtier antreibt und führt. Das Bild möchte den Zuhörern und Leserinnen Anweisungen geben: So wie der Bauer den Ochsen antreibt, so sollen die Worte der Weisen die Menschen antreiben und in ihrem Leben leitend sein. Mit den «eingeschlagenen Nägeln» (*maśmêrâ*) wird ein Bild aus dem handwerklichen Bereich verwendet: Wie die Nägel einem Gebäude Halt geben, so helfen die «Worte von Weisen» den Menschen, Halt im Leben zu finden.

Nicht ganz einfach ist die Wendung «die Herren der Sammlungen» (V. 11b) zu verstehen. Was ist damit gemeint? Lehrer-Kollegien? Schüler? Gemeinde? Lehrmeister? Im letzteren Sinne wird die Wendung von der lateinischen Textversion gedeutet: *magistrorum consilium*. Ich selbst würde die Wendung mit «Spruchsammlung(en)» übersetzen und sie im Sinne von «Leitgedanken» deuten. Dafür spricht in V. 11b das Verb «geben/schenken».

Ebenso schwierig ist die Rede vom «Hirten» (V. 11b) zu deuten. Wer ist damit gemeint? Salomo? Die personifizierte Weisheit? Am ehesten scheint mir die Deutung auf Gott selbst zu sein. Der Hirt als Symbol für Gott begegnet an zentralen Stellen des Alten Testaments (z. B. Ps 23,1). Das Bild würde dann die Fürsorge Gottes zum Ausdruck bringen.

Kohelet 12,9–11 bietet ein Nachwort zum Koheletbuch. Es finden sich Angaben zu Kohelet, sodass man von einem Kolophon sprechen kann. Solche Nachworte kommen vereinzelt in biblischen Büchern vor, man denke an den Schluss des Johannesevangeliums (Joh 21,24f). Der Autor von Kohelet 12,9–11 war wohl ein Anhänger und vielleicht ein Schüler Kohelets. Er stellt Kohelet als einen weisen und angesehenen Lehrer vor. Das Ziel des Nachworts besteht darin, die Verkündigung Kohelets zu loben, für sie zu werben und Kohelet als einen verantwortungsvollen Menschen zu rühmen.

Kohelet 12,12 beginnt mit: «Und über diese hinaus …» Der zweite Nachtrag Kohelet 12,12–14 hat einen deutlich anderen Stil als der erste Nachtrag. Er trägt den Charakter eines Mahnworts, wie die Anrede «mein Sohn, lass dich warnen!» zeigt. V. 12b (zitiert nach der Luther-Bibel) ist sprichwörtlich geworden: «Des vielen Büchermachens ist kein Ende, und viel Studieren macht den Leib müde.» Mit diesem Spruch möchte der Autor seine Leser und Leserinnen warnen: Steigert euch nicht allzu sehr in die Fragen und Geheimnisse des Lebens und auch Gottes hinein! Vieles kann nicht beantwortet werden, deshalb quält euch nicht damit. Der Autor plädiert kurz und bündig: «Fürchte Gott und halte seine Gebote. Das gilt für alle Menschen.» Er greift damit Kohelets Rede von der Gottesfurcht auf (vgl. Koh 3,14; 5,6; 8,12f). Diese besteht im Beachten und Befolgen der Gebote und dem Bedenken des Gerichts Gottes über Gut und Böse. Der letzte Gedanke ist neu, denn Kohelet hat nie von Geboten gesprochen, und auch Gottes Gericht bleibt für ihn unergründlich. Der Autor des Nachtrags steht hier dem Buch Jesus Sirach nahe, wo Weisheit und Gesetz eng miteinander verbunden werden. Abschliessend betont der Autor die Freiheit Gottes in seinem Tun.

TRADIDIT MUN
DUM DISPUTATI
ONI EORUM.

Wirkungsgeschichte

Neues Testament

Die Bezüge des Koheletbuchs zum Neuen Testament beschränken sich auf wenige Stellen.

In der Bergpredigt ruft Jesus beim Gebet dazu auf, «nicht zu plappern wie die Heiden; sie meinen nämlich, sie werden ihrer vielen Worte wegen erhört» (Mt 6,7). Kohelet spricht ähnlich davon: «Sei nicht vorschnell mit deinem Mund, und dein Herz übereile sich nicht, etwas vor Gott zu bringen. Denn Gott ist im Himmel, und du bist auf der Erde. Darum mach nicht viele Worte» (Koh 5,1).

In der Geschichte vom reichen Kornbauer lässt Jesus den Bauer nach einer reichen Ernte zu sich sagen: «Ruh dich aus, iss und trink und sei fröhlich!» (Lk 12,19) Kohelet preist ganz ähnlich die Freude am Essen und Trinken (Koh 8,15). Sowohl Jesus als auch Kohelet betonen die Flüchtigkeit materiellen Reichtums (Koh 5,9–16; 6,1–9).

Im Gespräch zwischen Jesus und Nikodemus nimmt Jesus das Bild vom nicht greifbaren Wind als Metapher für den Geist auf: «Der Wind weht, wo er will, und du hörst sein Sausen, weisst aber nicht, woher er kommt und wohin er geht. So ist es mit jedem, der aus dem Geist geboren ist» (Joh 3,8). Bei Kohelet findet sich das Bild vom nicht greifbaren Wind mehrfach (Koh 1,6; 8,8; 11,5), allerdings fehlt der Bezug zum Geist.

In Apostelgeschichte 2,46 wird vom Leben der frühen christlichen Gemeinde berichtet: «Sie assen und tranken in ungetrübter Freude und mit lauterem Herzen.» Hier findet sich wieder der aus Kohelet 8,15 bekannte Dreiklang vom Essen, Trinken und der Freude.

Im Römerbrief spricht Paulus davon, «dass alle, Juden wie Griechen unter der Sünde sind» (Röm 3,9). In eine ähnliche Richtung geht die Aussage in Kohelet 7,20: «Doch kein Mensch auf Erden ist so gerecht, dass er nur Gutes tut und niemals sündigt.»

In Römer 8,20 schreibt Paulus, dass die Schöpfung der «Nichtigkeit» unterworfen wurde. Er nimmt damit ein Hauptmotiv aus Kohelet auf (Koh 1,2 u. ö.).

Nach Paulus müssen alle Menschen dereinst vor dem Richterstuhl Christi erscheinen. (2Kor 5,10). Kohelet spricht in 11,9 davon, dass «Gott mit dir ins Gericht gehen wird» (vgl. auch Koh 12,14).

Judentum

In der Hebräischen Bibel gehört Kohelet zum dritten Teil des Kanons, zu den sogenannten «Schriften», hebräisch «Ketubim». Dazu zählen fünf Bücher, die mit bestimmten jüdischen Festen in Verbindung gebracht werden:

Das Buch Rut: Wochenfest
Das Hohelied: Passahfest
Das Buch Kohelet. Der Prediger: Laubhüttenfest
Die Klagelieder: Gedenktag der Tempelzerstörung
Das Buch Ester: Purimfest

Moritz Daniel Oppenheim (1800–1882),
Bilder aus dem altjüdischen Familienleben, Das Laubhüttenfest, 1869

Diese Bücher werden in der Hebräischen Bibel als «Megillot», d.h. Festrollen, zusammengefasst. Diese Reihenfolge ist chronologisch zu verstehen. Das Buch Rut steht an erster Stelle der Megillot, weil es als älteste Festrolle gilt. Sie erzählt die Vorgeschichte Davids, und als Verfasser wurde Samuel angenommen. Auf Rut folgen das Hohelied und Kohelet, die nach ihren Buchüberschriften auf Salomo, den Sohn Davids, zurückgeführt werden. Schliesslich werden die Klagelieder und Ester genannt, weil sie im 6. und 5. Jahrhundert der Geschichte des Volks Israel angesiedelt werden.

Das Koheletbuch ist mit dem Laubhüttenfest, hebräisch «Sukkot», verbunden. Im Mittelpunkt dieses Fests steht die «Sukka», die Laubhütte: «Sieben Tage lang sollt ihr in Laubhütten wohnen. Alle Einheimischen in Israel sollen in Laubhütten wohnen» (Lev 23,42). Aus einer Sippe von Nomaden in Kanaan, aus einem Volk von Sklaven in Ägypten wird Israel zu einem unabhängigen Volk. Es vollzieht sich ein Wandel seiner Existenz. Das Laubhüttenfest ruft die 40-jährige Wüstenwanderung der Israeliten nach dem Auszug aus Ägypten in Erinnerung und macht deutlich, dass die Väter und Mütter auch in der Wüste von Gott beschützt und behütet worden sind. Das Fest soll ihnen auch das Gefühl für die Vergänglichkeit alles Zeitlichen vermitteln, so wie es Kohelet in seinem Buch beschreibt. Zudem soll der Glaube an Gott und das Vertrauen in ihn gefestigt werden. Das Sinnbild von Sukkot ist die Freude: «Und du sollst an deinem Fest fröhlich sein, du und dein Sohn und deine Tochter, dein Sklave und deine Sklavin, der Levit, der Fremde, die Waise und die Witwe, die an deinem Ort wohnen» (Dtn 16,14). Hierin unterscheidet sich die Tora nicht von der Botschaft Kohelets (Koh 3,12f; 11,9 u.ö.). Ebenso wie bei

Leopold Pilichowski (1869–1934),
Sukkot in der Synagoge, 1894/1895

Sukkot geht es bei Kohelet weder um die Verachtung noch um die Vergötterung der Welt.

Die aramäische Übersetzung des hebräischen Koheletbuchs, der Targum, bietet einen erweiterten Text mit einer eigenen Interpretation. Der Targumist hebt die Bedeutung des Buchs für das Studium der Tora, des jüdischen Gesetzes, hervor. Für ihn geht es um die Themen Reue, Gebet und Liebe. Er beschreibt den grossen Unterschied zwischen der gegenwärtigen, von Gewinn und Gewalt geprägten Welt und der kommenden Welt mit der

Ankunft der messianischen Zeit. Er identifiziert Kohelet mit dem König Salomo. Der Targumist verbindet so das Koheletbuch mit der rabbinischen Theologie. Die Übersetzung ins Aramäische ist wohl in das 5. Jh. n. Chr. zu datieren.

Der französische Gelehrte Samuel ben Meir, ca. 1080–1174 n. Chr., ein Enkel Raschis, der nach seinem Tod den Kunstnamen «Raschbam» bekam, verfasste einen für die jüdische Tradition einflussreichen Kommentar zu Kohelet. Er wandte sich gegen ein hedonistisches Verständnis des Koheletbuchs. Kohelet verkündige die von Gott geschenkte, wahre Freude (Koh 3,22; 5,17–19).

Altkirchliche und mittelalterliche Auslegungsgeschichte

Im Prolog des Kommentars von Origenes (185–253 n. Chr.) zum Hohelied findet sich folgende Angabe: Der Kirchenvater ordnet das Koheletbuch den drei salomonischen Büchern Sprichwörter – Kohelet – Hohelied zu, die Sprichwörter der Moral, Kohelet der Physik und das Hohelied der Theologie. Warum wird Kohelet der Physik zugeteilt? Weil im Koheletbuch vieles aus dem Bereich der Natur erörtert und das Nichtige vom Nützlichen unterschieden wird. Diese Einteilung prägte wesentlich die Auslegung dieser Bücher bis zum Beginn der Neuzeit.

Gregor der Wundertäter (ca. 210/213–270/275), ein Schüler des Origenes, verfasste das älteste erhaltene christliche Werk zum Buch Kohelet: «Metaphrasis in Ecclesiasten Salomonis». Das Buch enthält eine paraphrasierende Wiedergabe des Koheletbuchs. Gregor bemüht sich, anstössig empfundene Stellen mit dem christlichen Glauben in Einklang zu bringen.

Gregor von Nyssa (ca. 338/339 – nach 394) verfasste acht Homilien zum Koheletbuch (um 380). Die Predigten umfassen allerdings nur Kohelet 1,1–3,13. Es geht um das Thema der «Nichtigkeit», wobei Gregor von Nyssa betont, dass sowohl der Schöpfer als auch die Schöpfung davon unberührt bleiben.

Den christlichen Standardkommentar zu Kohelet verfasste der Kirchenvater Hieronymus (347–419) um 388/389: «Commentarius in Ecclesiasten». Ebenso wie Origenes deutet Hieronymus das Buch als eine Anleitung zur «Geringachtung der Welt» (*contemptus mundi*). Diese Interpretation von Origenes und Hieronymus prägte viele Jahrhunderte lang die christliche Auslegung des Koheletbuchs. Diese Leitidee darf nicht falsch verstanden werden. Die Ausleger meinen damit nicht, dass die Welt *an sich* geringgeachtet werden müsse, vielmehr nur im Hinblick auf Gott: Die Welt ist endlich und wird irgendwann untergehen, Gott aber bleibt immer und ewig.

Weitere wichtige Kohelet-Kommentare wurden verfasst von Bonaventura (1217–1274), Thomas von Kampen (1380–1471), Nikolaus von Lyra (ca. 1270–1349). Hugo Grotius (1583–1645) war der erste Ausleger, der darauf hinwies, dass Salomo nicht der Autor des Buchs sein könne.

Martin Luther

Der deutsche Reformator Martin Luther (1483–1546) geht in seiner Vorlesung über den Prediger Salomo ganz traditionell von der salomonischen Verfasserschaft des Buchs aus. Er beklagt aber, dass die Theologen das Koheletbuch bisher in verderblicher Weise ausgelegt hätten. Er wirft den «heiligen Vätern» und den «hervorragenden Lehrern der Kirche» vor, das Buch falsch verstanden zu haben, indem sie es so deuteten, als müsse man die Dinge, die Gott geschaffen und geordnet habe, verachten. Damit haben sie, so Luther, diesem schönen und nützlichen Buch geschadet und damit «gräuliche Dinge» (*monstra*) hervorgebracht. Der Reformator selbst sieht in Kohelet die Aufgabe und Absicht, die Menschen zu unterweisen, damit wir in Dankbarkeit die gegenwärtigen Dinge und Kreaturen Gottes gebrauchen. Diese seien den Menschen durch Gottes Güte geschenkt und die Sorge um die künftigen Dinge abgenommen. Der Prediger Kohelet ermuntere die Menschen dazu, zu essen, zu trinken und fröhlich zu sein mit der Frau der Jugend. Wer dies befolgt, wird gewiss ein stilles und ruhiges Herz haben.

Drei Stellen aus dem Buch Kohelet sollen einen Einblick in Luthers Auslegung geben:

Kohelet 1,2: Luther sieht in der Wendung «*vanitas vanitatum*» das Thema des ganzen Buchs. Er übersetzt das Motivwort mit «Windhauch über Windhauch».

Kohelet 3,1: Jedes menschliche Werk und menschliche Bemühungen haben nach Luther ihre ganz bestimmte Zeit. Damit wertet der das menschliche Tun auf.

Kohelet 5,1: Er deutet den Vers so, dass Gott im Himmel alle Majestät zukommen müsse, der Mensch auf der Erde aber ein Wurm (*tu in terra vermis*) sei. Damit ist gemeint, dass der irdische Mensch im Gegensatz zur Majestät Gottes winzig, aber keineswegs verachtet ist.

Huldrych Zwingli

Der Zürcher Reformator Huldrych Zwingli (1484–1531) zitiert das Koheletbuch zur Beschreibung des Bilds vom Menschen. In seiner Schrift «Auslegung und Begründung der Thesen oder Artikel» von 1523 zitiert er im Artikel 39 Kohelet 5,14: Alle Menschen werden nackt geboren und müssen sterben (Hiob 1,21; Koh 5,14). Zwingli sieht darin ein Sinnbild dafür, dass alle Menschen eigentlich Brüder sind. Sie würden dann aber durch die Ungleichheit des Verstands, des Vermögens, der Schönheit und der Stärke verführt, sodass ein jeder eigennützig und anmassend wird und sich über die anderen erhebt (Zwingli II, 374). – In seinem «Kommentar über die wahre und falsche Religion» von 1525, im Artikel 4 über «Mensch», behandelt Zwingli die Bosheit der Menschen und zitiert Genesis 6,5–6; 8,21; Jesaja 9,17 und Kohelet 1,2. Er betont, dass Kohelet nicht genug ausrufen könne, wie leer und eitel die Menschen seien: «Eitelkeit der Eitelkeiten». (Zwingli III, 81) Aus eigener Kraft könnten die Menschen niemals zur Erkenntnis gelangen.

Dietrich Bonhoeffer

Der deutsche Theologe Dietrich Bonhoeffer (1906–1945) zitiert das Buch Kohelet oft und gerne. Es sind drei Bereiche, die er in seinen Briefen und Publikationen aufnimmt. Der erste Bereich «Windhauch» bezieht sich auf Kohelet 1,2. In einer in Barcelona gehaltenen Predigt zu Johannes 2,17 schreibt Bonhoeffer: «Wenig später hat der Prediger Salomonis die harten Worte gesprochen. Alles ist ganz eitel. Die Welt ist eitel und ihr Treiben ist eitel, es ist ganz eitel, es ist ja immer das alte Lied in der Welt, von der Lust, die vergeht, von der Mühe, die kommt, vom Leben, das man eher Sterben heissen könnte. Alles ist ganz eitel. Tand, Tand ist das Gebild von Menschenhand. Das Verhängnis aber, das über die Welt hängt und das sie so eitel macht, heisst Zeit» (DBW 10, 499). Bonhoeffer überträgt «Windhauch» mit «eitel» und deutet es als «Tand», als nutzlose Sache. Interessant ist seine Verbindung von der Eitelkeit der Welt mit der Zeit (zu Bonhoeffers Verständnis von Zeit vgl. auch DBW 6, 367).

In Bonhoeffers Schrift «Gemeinsames Leben» (1938) interpretiert er Kohelet 2,24f: «Nicht mit Sorgen soll der Mensch sein Brot essen (Ps 127,2), sondern ‹iss dein Brot mit Freuden› (Pred. Sal. 9,7), ich lobte die Freude, dass der Mensch nichts Besseres hat unter der Sonne, denn essen und trinken und fröhlich sein (8,15); aber freilich, wer kann fröhlich essen und sich ergötzen ohne Ihn?» (DBW 5, 58) Bonhoeffer zieht die Aussagen Kohelets konsequent weiter, hin zu Gott. Dies findet sich auch in seiner «Ethik» (1940–1943) bei der Deutung von Kohelet 9,7ff; 11,9; 2,25: «Die Freuden des Leibes sind innerhalb des natürlichen Lebens der Hinweis auf die ewige Freude, die dem Menschen bei Gott verheissen ist. Wo einem Menschen die Möglichkeit leiblicher Freuden genommen wird, […] dort findet ein Eingriff in das ursprüngliche Recht leiblichen Lebens statt» (DBW 6, 180f).

Karl Barth

Im Vorwort zu seinem Römerbrief-Kommentar (2. Auflage von 1922) setzt sich der Schweizer Theologe Karl Barth (1886–1968) mit einem seiner Rezensenten auseinander, der ihm in seinem Kommentar ein bestimmtes «System» unterstellt. Barth weist dies vehement zurück und verweist dafür auf seine von Kierkegaard übernommene Grundüberzeugung: der unendlich qualitative Unterschied von Zeit und Ewigkeit. Barth zitiert in diesem Zusammenhang Kohelet 5,1: «Gott ist im Himmel und du auf Erden.» Er bringt mit diesem Vers seine Theologie auf die Punkt, denn die Beziehung dieses Gottes zu diesem Menschen und dieses Menschen zu diesem Gott sei für ihn «das Thema der Bibel und die Summe der Philosophie in Einem» (Barth, XIII). Die Bibel sehe an diesem Kreuzweg Jesus Christus.

Ruth Näf Bernhard

Das Buch Kohelet regt auch in der heutigen Zeit zum Nachdenken, ja zum Dichten an. 2024 hat die Pfarrerin, Autorin und Therapeutin Ruth Näf Bernhard (geb. 1959) Gedichte zu Kohelet veröffentlicht (Glühwürmchen kannst du nicht pflücken, Gedichte zu Kohelet, TVZ 2024). Im Vorwort betont sie, dass sie das Koheletbuch bewundert, weil es in ihm um das Heute geht. Kohelet glaubt an einen Gott, der dafür sorgt, dass alles im Leben seine Zeit hat. Auch dann, wenn es nicht in unsere Pläne passt. Kohelet erinnert uns an unsere Vergänglichkeit, das stimmt ihn nachdenklich und traurig. Ruth Näf Bernhard ruft im Anschluss an Kohelet zur Freude an unserem Leben auf. Es gibt nichts Besseres, als sich zu freuen. Kohelet ist ein Mensch wie wir alle. Er jammert, er ärgert sich, er freut sich über das Schöne, er empört sich über Unrecht, er geniesst das Essen und Trinken und Spielen. Vor allem lehrt er, dass alle

Gegensätze in jedem Leben zusammengehören. Näf Bernhard ruft abschliessend ihren Enkel auf, es irgendwann mit Kohelet zu versuchen: «Frag weiter. Ein Leben lang. Es sind die Fragen, die uns weiterbringen.»

Ihre Gedichte zu Versen aus dem Buch Kohelet sind umsichtig, sensibel, einsichtig, nachdenklich, liebevoll, unaufdringlich, leise und vor allem tröstlich. Als Beispiel soll das Gedicht zu Kohelet 3,1 angeführt werden:

oft
schickt uns
der himmel
ein zeichen
damit uns
die richtige
stunde
findet

Kunst

Im Koheletbuch finden sich aufgrund von fehlenden dramatischen Szenen, Erzählungen und Berichten nur wenige Anhaltspunkte für geeignete Motive. Die Kunstbilder zum Buch lassen sich deshalb in drei Kategorien gliedern:

1. Es gibt Kunstwerke zur Figur Kohelets in Anlehnung an Kohelet 1,1: «Nichtig und flüchtig, alles ist nichtig und flüchtig.» Bekannt ist das Porträt des US-amerikanischen Malers Ben Shahn (1898–1969), der 1965 Kohelet in Anlehnung an König Salomon mit Krone gemalt hat: «Ecclesiastes or The Prea-

cher» (Abbildung S. 11). – Der spanische Künstler Salvador Dalí (1904–1989) malte 1964 in Anspielung auf Kohelet die Farblithographie «Vanitas vanitatum» als Teil der Serie «Biblia Sacra». – Der US-amerikanische Visual Artist Barry Moser (geb. 1940) schuf Illustrationen zur Bibel und stellte Kohelet in Mönchskutte dar. Und der US-amerikanische Künstler Leonard Baskin (1922–2000) stellte Kohelet als Freidenker dar.

2. Die zweite Kategorie von Kunstwerken zu Kohelet bezieht sich allgemein auf das Thema «Weisheit». Hier finden sich als Beispiel im Kloster Strahov in Prag eindrucksvolle Deckengemälde, die 1723–1727 entstanden sind: «Das menschliche Streben nach Weisheit» (Koh 3,11, ⟶ Abbildung S. 35); «Gelehrter, in ein Buch versunken» (Koh 7,11, ⟶ Abbildung S. 27); «Drei Bücher» (Koh 2,26, ⟶ Abbildung S. 38).

3. Das Koheletbuch ist die traditionelle Festrolle zum Laubhüttenfest Sukkot, wozu es viele Gemälde gibt, u. a. vom polnischen Maler Leopold Pilichowski (1869–1934) «Sukkot in der Synagoge», 1894/95 (⟶ Abbildung S. 85) oder das eindrückliche Gemälde der Künstlerin Paula Gans (1883–1941) «Im Gebet beim Laubhüttenfest», 1920 (⟶ Abbildung S. 30).

Musik

Die musikalischen Werke zu Kohelet sind recht umfangreich und vielfältig, hier eine kleine Auswahl.

Traditionelle Werke: Kaspar Förster (1617–1673), deutscher Sänger, Kapellmeister und Komponist, Danzig/Kopenhagen, Triosonate «Vanitas vanitatum» zu Kohelet 1. – Johann Sebastian Bach (1685–1750), Kantate zu Kohelet 1,2, Cantate 26 «Ach wie flüchtig, ach wie nichtig», 1724. – Heinrich Schütz, «Iss dein Brot mit Freuden», Teil von «Symphoniae Sacrae II», Dresden 1647 zu Kohelet 3,12f; 8,15; 9,7. – Johannes Brahms (1833–1897), «Vier Ernste Gesänge», 1896, Liedzyklus für Gesang zu Kohelet 3,19–22; 4,1–3. – Zu nennen ist auch das bekannte Kirchenlied «Sollt ich meinem Gott nicht singen» (EG 325/RG 724); der Liedtext ist von Paul Gerhardt (1653), jede Strophe endet mit: «Alles Ding währt seine Zeit, Gottes Lieb in Ewigkeit»; das Lied nimmt auf Kohelet 3,1–15 Bezug.

Moderne Werke: Sir Granville Bantock (1868–1946), englischer Komponist, «Vanity of Vanities, Choral Symphony». – Ildebrando Pizzetti (1880–1968), italienischer Komponist, «Vanitas vanitatum», 1958, Kantate für Männerchor und Orchester. – Bernd A. Zimmermann (1918–1970), «Ich wandte mich und sah an alles Unrecht, das geschah unter der Sonne», für Bass und Orchester, 1970, zu Kohelet 4,1. – Andre Hajdu (1932–2016), israelischer Komponist, «Prediger für Sprecher, Violoncello, Solo und drei Violoncelli», 1994.

Film

In seiner Studie zum Koheletbuch im zeitgenössischen Film zieht Robert K. Johnston, Professor für Theologie und Kultur, Verbindungslinien zwischen den Beschreibungen der Welt aus der Sicht Kohelets zu denjenigen in heutigen Filmen: «The hard, paradoxical reality of life as described in the pages of Ecclesiastes is portrayed visually in movies such as ‹American Beauty› and ‹Monster's Ball›» (Johnston, 11 «Die harte und paradoxe Realität des Lebens, wie es in Kohelet beschrieben wird, wird in Filmen wie ‹American Beauty› und ‹Monster's Ball› visuell umgesetzt.») Johnston erkennt in vielen modernen Filmen eine Visualisierung der Aussagen Kohelets. Diese würden zu einem Gespräch zwischen biblischer Weisheit und Postmoderne, zwischen Alt und Neu einladen: «Both cinema and Old Testament wisdom texts provide us with ‹answers›» (Johnston, 12 «Kino und alttestamentlich-weisheitliche Texte liefern uns ‹Antworten›»). Johnston wählt dazu Filme von Regisseuren wie Woody Allan, W. Night Shyamalan u.a. aus. Hier soll der bekannte und erfolgreiche Film «American Beauty» (1999) von Sam Mendes und seine Deutung durch Robert K. Johnston vorgestellt werden.

Die Geschichte wird von der Hauptfigur Lester Burnham selbst nach seinem Tod erzählt. Lester befindet sich in einer Midlife Krise. Er ist mit seinem privaten und beruflichen Leben höchst unzufrieden. Er findet zu seiner Frau Carolyn und seiner pubertierenden Tochter Jane keinen Zugang mehr. Bei einer Sportveranstaltung trifft er Angela, die Schulfreundin seiner Tochter, und verliebt sich in sie. Durch seinen neuen Nachbarn Ricky Fitts kommt er erstmals nach seiner Jugendzeit wieder in Kontakt mit Drogen. Nach vielen Wirrnissen zerbricht die Familie von Lester.

Johnston erkennt in dem Film viele Gedanken Kohelets. Er nennt Kohelet 2,11, wo Kohelet davon spricht, dass alles, was er mit Mühe und Arbeit geschaffen hatte, nichtig und ein Greifen nach Wind gewesen sei. Ähnlich wie Lester spricht Kohelet davon, dass er alles hasste, was er sich mühevoll erarbeitet hatte (vgl. Koh 2,18), es gebe keinen Gewinn unter der Sonne. Johnston verweist auf Kohelet 4,10, wo ein Wehe über denjenigen – wie Lester – gesprochen wird, der hinfällt und keinen hat, der ihm aufhilft. Nach den Wirrnissen seines Lebens und kurz vor seinem Tod erkennt Lester – leider zu spät –, dass das Leben ein

Geschenk ist, an dem man sich freuen soll (vgl. Koh 8,15). Er erkennt aber auch, dass die Schnellen nicht immer den Wettlauf, und die Helden nicht immer den Kampf gewinnen (Koh 9,11). Johnston hält abschliessend zu Kohelet und «American Beauty» fest: «They invite us to see life paradoxically, not only in its bleakness but also in its transcendent beauty» (Johnston, 66 «Sie laden uns ein, das Leben auf paradoxe Weise zu betrachten; zum einen in seiner Trostlosigkeit und zum anderen in seiner transzendenten Schönheit»).

In diesem Zusammenhang könnte man auch noch auf den Antikriegs-Film «Platoon» (1986) von Oliver Stone verweisen. Hier geht es um den College-Abbrecher Chris Taylor, der sich freiwillig zum Militäreinsatz in Vietnam meldet und dort die Grauen des Krieges erkennen und durchleiden muss. Er verliert so seine Jugendzeit, die Kohelet als Zeit der Freude und Hoffnung rühmt. Der Regisseur Oliver Stone stellt Kohelet 11,9 «Freue dich, Jüngling, in deiner Jugend, sei guter Dinge in der Blüte des Lebens» als Leitmotiv vor seinen Film.

Geflügelte Worte nach Kohelet

Das Buch Kohelet hat auch die deutsche Sprache inspiriert. Zu Sprichwörtern und geflügelten Worten hat besonders die Übersetzung der Luther-Bibel beigetragen.

Hier einige Beispiele:

«Alles ist eitel» – «Es ist alles umsonst.» (Koh 1,2)

«Alle Flüsse fliessen ins Meer.» (Koh 1,7)

«Es gibt nichts Neues unter der Sonne.» (Koh 1,9)

«Was krumm ist, kann man nicht gerade machen.» (Koh 1,15)

«Iss und trink und lass es dir gut gehen in deiner Mühsal.» (Koh 2,24)
«Alles hat seine Zeit.» (Koh 3,1)
«Zwei sind besser als einer allein.» (Koh 4,9)
«Der süsse Schlaf.» (Koh 5,11)
«Ende gut, alles gut!» (Koh 7,8)
«Ein lebender Hund ist besser als ein toter Löwe.» (Koh 9,4)
«Des vielen Büchermachens ist kein Ende, und viel Studieren macht den Leib müde.» (Koh 12,12)

TR
DUN
ONI

Das Koheletbuch heute lesen

Zum vertieften Verständnis des Koheletbuchs tragen wesentlich die vielen Bezugnahmen zu alttestamentlichen Texten und Traditionen bei. Diese bilden das Fundament und die Kritikpunkte seiner Aussagen. Kohelet leitet eine Wende im Verständnis vieler alter weisheitlicher Grundüberzeugungen ein. Er versteht sich nicht als Philosoph, sondern greift auf die von ihm gemachten Lebenserfahrungen zurück. Kohelet kann als «Erfahrungstheologe» bezeichnet werden. Er blickt mit kritischen Augen auf das, was früher war und was heute ist. Er hat dabei in erster Linie die Lebenswelt der Menschen und die ganze Schöpfung im Blick. Er durchdenkt und bewertet sie neu.

Der zentrale Begriff bei Kohelet ist zweifellos «Windhauch» (vgl. Koh 1,2: «nichtig und flüchtig»). Mit ihm bezeichnet er alles «unter der Sonne»: Weisheit, Freude, Besitz, Erbe, Fleiss, Jugend, Alter, Tod. Nur Gott selbst fällt nicht darunter. Gott ist und bleibt für den Menschen unverfügbar. Diese Botschaft kann Skepsis wecken, wenn nicht sogar Widerspruch. Aber man darf Kohelet nicht falsch verstehen. Er beschreibt damit weder eine umfassende Hoffnungslosigkeit noch Verzweiflung. Er meint unter «Windhauch» vielmehr eine Lebenshaltung, die Distanz zum Leben hält und kritisches Fragen und genaues Beobachten einschliesst. Das Leben ist vielfältig und überraschend – im positiven und negativen Sinn. Mit «Windhauch» mahnt er zu Gelassenheit und Vorsicht gegenüber allzu grosser Lebenssicherheit. Wie schnell kann ein Lebensentwurf durch ein Unglück, eine Krankheit oder ein nicht abwendbares Geschehen zerbrechen!

Kohelet spricht in vorsichtiger Weise von Gott. Gott bleibt letztlich ein Geheimnis, er lässt sich nicht in die Karten sehen. Der Mensch kann keine zutreffende Aussage über Gott machen, lediglich sein Handeln ist den Menschen sichtbar, wenn auch nicht ergründbar. Gott prüft die Menschen durch Bedrängnisse. Auf diese Weise erkennt der Mensch seine Kreatürlichkeit, ja, seine Nähe zum Tier. Dazu gehört auch die Sterblichkeit alles Geschaffenen. Es ist dem Menschen unmöglich, sich mit Gott zu messen. Er soll erkennen, dass er ganz in Gottes Hand steht. Gott kann man allein mit Gottesfurcht gegenübertreten. Gott ist im Himmel, der Mensch ist auf der Erde. Wie sollte es da zu einem Austausch kommen können? Kohelets Blick richtet sich bewusst auf das, was «unter der Sonne» ist.

Das Koheletbuch gehört zweifellos zur Tradition der Weisheit. Kohelet setzt sich intensiv mit der sogenannten «alten Weisheit» auseinander. Diese war der festen Überzeugung, dass sie Leben verleihen könne, dass sie wertvoller sei als Gold. Kohelet weiss aus Erfahrung, dass dies nicht immer der Fall ist, im Gegenteil, die Weisheit kann in Kummer und Leid führen. Ebenso warnt Kohelet vor der Überzeugung, dass der Tun-Ergehens-Zusammenhang (d. h. dass das gute Handeln immer zu einem glücklichen Leben führt) immer der erlebten Wirklichkeit entspricht. Kohelet ist hier vorsichtig. Als Beispiel nennt er den Reichtum. Nach Überzeugung der alten Weisheit bringt Reichtum grosses Ansehen. Kohelet verweist im Unterschied dazu auf die Vergänglichkeit des Reichtums. Oder er erzählt von einem armen, weisen Mann, der nicht um Rat gefragt wird und deshalb eine ganze

Stadt zerstört wird. Die Weisheit ist, wie alles auf der Welt, ein vergängliches Gut.

Kohelet nennt auch einige Beispiele zum Thema Frömmigkeit. So rät er zu einem bedachtsamen Verhalten im Gottesdienst. Er ist gegenüber der Darbringung von Opfern eher zurückhaltend, weil sie den Menschen nicht aus seiner Torheit heraushelfen. Er plädiert für ein Beten ohne allzu viele Worte. Das Vielreden beim Gebet ist für ihn sogar ein Zeichen für Torheit. Ebenso ruft Kohelet zur Zurückhaltung beim Gelübde auf, denn Gelübde müssen unbedingt erfüllt werden; es sei besser, Gelübde gar nicht erst abzulegen, als sie nicht zu erfüllen. Kohelet plädiert also für Zurückhaltung im Kult, eine solche Zurückhaltung sei eine Art von Gottesfurcht.

Kohelet hat das Leben «unter der Sonne» im Blick. Man kann sein Verständnis des Lebens mit folgenden beiden Wendungen auf den Punkt bringen: *«carpe diem»*, d. h. pflücke/nutze den Tag, und *«memento mori»*, d. h. erinnere dich an deinen Tod. Kohelet wagt keine differenzierten Aussagen über den Himmel und damit auch nicht über Gott: «Gott ist im Himmel, und du bist auf der Erde» (Koh 5,1). Er weiss, dass alles menschliche Leben zu seiner Zeit an die Todesgrenze stossen wird. Insofern ist der Prediger Kohelet ein radikaler Denker. Und angesichts des Todesschattens ruft er dazu auf, sich dem Leben zuzuwenden, um es zu geniessen. Weil der Tod jedem Leben definitiv ein Ende setzt und niemand diesem Tod entrinnen kann, gilt es, sich dem Leben in seiner Fülle zuzuwenden.

Kohelet gibt dazu viele Beispiele:

«Iss dein Brot mit Freuden!», ruft er den Menschen zu. Wer jemals eine hungrige Kinderschar beim Essen beobachtet hat, mit welcher Freude sie bei der Sache sind, der versteht, warum Kohelet Essen und Freude miteinander verbindet.

Zum Leben «unter der Sonne» gehören die Rücksichtnahme und gegenseitige Hilfe: «Es ist besser zu zweit als allein!» Kohelet stellt seinen Lesern und Hörerinnen ein Lob der Gemeinschaft vor Augen. Dazu gehört auch sein Aufruf, sich an dem Leben mit seiner Frau (bzw. seinem Mann) zu freuen. Hier verwirklicht sich für ihn am besten sein Aufruf zur Freude, zur gegenseitigen Hochschätzung und Unterstützung. Sogar Kleidung und Kosmetik ist Teil der Lebensfreude: «Jederzeit seien deine Kleider weiss, und an Öl auf deinem Haupt soll es nicht fehlen» (Koh 9,8). Weisse Kleider sind eben keine Trauerkleider, und Öl ist keine Asche, im Gegenteil, sie sind Ausdruck der Freude am Dasein, am Leben.

Die Frage nach Recht und Gerechtigkeit nimmt im Koheletbuch grossen Raum ein. Kohelet ruft zum Mitgefühl für die Unterdrückten auf. Er weist auf die z. T. ungerechte Weltordnung hin, in der es den Gerechten schlecht und den Ungerechten gut gehen kann. Dazu gehört auch, dass der Mensch dem politischen Geschehen oft mehr oder weniger ohnmächtig und ratlos ausgeliefert ist. Deshalb hält es Kohelet für sinnlos, sich dem mächtigen König entgegenzustellen.

Die Freude am Dasein verkörpert für ihn in besonderer Weise die Jugend. Deshalb spricht er gerade sie direkt an: «Freue dich, junger Mann, in deiner Jugend, und dein Herz erfreue sich in deinen Jugendtagen» (Koh 11,9). Die Weltsicht des Predigers Kohelet ist nicht so dunkel, wie sie bisweilen dargestellt wird.

Kohelet richtet den Blick auf die Gegenwart. Und er ruft zu einem Tun auf, das sich dieser Gegenwart verpflichtet weiss: Konzentriere dich auf das, was gerade zu tun ist, und beachte, dass man immer nur eine Sache tun kann. Niemand kann zwei oder mehr Dinge auf einmal tun. Er spricht von der Zeit, die jedes Ding und jeder Mensch hat: Niemand kann einen Menschen zugleich lieben und hassen. Niemand kann zugleich einen Baum pflanzen und ausreissen. Niemand kann einen lieben Menschen umarmen und ihn gleichzeitig abstossen. Niemand kann tanzen und zugleich die Mühen der Arbeit teilen. Nicht alles geht auf einmal. Alles hat seine jeweilige Zeit. Für den Prediger ist es eine Kunst, den richtigen Zeitpunkt zu erkennen. Zur rechten Zeit zu handeln, das ist hohe Lebenskunst. Und sich auf das Eine zu konzentrieren, das jetzt dran ist, gehört für ihn zum Wesen alles gelingenden Tuns. Kinder können in dieser Hinsicht zum Vorbild werden. Sie können beim Spielen buchstäblich alles um sich herum vergessen und mit ganzer Hingabe spielen, sogar der Ruf zum Mittagessen kann dabei überhört werden.

Kohelet spricht davon, dass alles flüchtig und nichtig ist, wie ein Windhauch. Aber er sagt zugleich: Verzweifelt nicht daran! Freut euch an dem, was ihr habt, und an den Menschen, die um und mit euch sind. Das ist schon sehr viel. Sie sind Geschenke unseres Schöpfers. Das ist eine auch heute gültige Botschaft. Und diese Botschaft hat ein tragendes Fundament: Gott selbst. Alles ist Windhauch, alles ist nichtig, alles ist eitel, aber für Gott gilt dies gerade nicht. Er ist davon ausgenommen. Gott ist eben kein Windhauch, kein kurzlebiger Feuerfunken, keine erlischende Kerzenflamme im Wind. Im Gegenteil, er ist der Schöpfer und Erhalter dieser Erde. Er hat seine Schöpfung schön und sehr gut gemacht. Gott ist Gott, und er ist ein Gott für seine Menschen und seine Schöpfung.

Das leidenschaftliche Plädoyer Kohelets für das Leben ist ein Plädoyer für die Gegenwart und für den Augenblick. Die Menschen dürfen ganz in der Gegenwart leben und sie ergreifen. Wenn sie das tun, dann können sie auch schmecken, sehen und erfahren, wie freundlich und gütig Gott der Herr ist.

In dem Paul Gerhardt-Lied «Sollt ich meinem Gott nicht singen» heisst es am Ende jeder Strophe: «Alles Ding währt seine Zeit, Gottes Lieb in Ewigkeit.» Auch wenn diese Worte nicht die Sprache Kohelets sind, sondern die des 17. Jahrhunderts, trifft sie genau seine Botschaft.

Literatur- und Bildnachweise

Verwendete Literatur

Barth, Karl, Der Römerbrief, Zürich 1940 (Elfter Abdruck 1976).

Bonhoeffer, Dietrich, in: Dietrich Bonhoeffer Werke, Bde. 5; 6; 10 (DBW), München/Gütersloh 1986ff.

Dahood, Mitchell, Canaanite-Phoenician Influence in Qoheleth, in: Biblica 33, 1952, 30–52.191–221.

Encyclopedia of the Bible and its Reception/EBR 7, 274–303, Berlin u. a. 2013.

Galling, Kurt, Der Prediger. Die fünf Megilloth, Tübingen 1969², 73–125, HAT I,18.

Gemser, Berend, Spreuken II, Prediker en Hooglied van Salomo, Groningen 1931.

Gese, Hartmut, Zur Komposition des Koheletbuches, in: Geschichte-Tradition-Reflexion. Festschrift für Martin Hengel zum 70. Geburtstag, hg. von H. Cancik u. a., Bd. I Judentum hg. von Peter Schäfer, Tübingen 1996, 69–98.

Hengel, Martin, Judentum und Hellenismus, WUNT 10, Tübingen 1973², 210–240.

Japhet, Sara/Salters, Robert B., The Commentary of R. Samuel Ben Meir Rachbam on Qohelet, Jerusalem u. a. 1985.

Johnston, Robert K., Useless Beauty. Ecclesiastes through the Lens of Contemporary Film, Grand Rapid 2004.

Klein, Christian, Kohelet und die Weisheit Israels. Eine formgeschichtliche Studie, BWANT 132, Stuttgart u. a. 1994.

Knobel, Peter S., The Targum of Qohelet, in: The Aramaic Bible Bd. 15, 1991; The Targums, von Kevin Cathcart u. a.

Köhlmoos, Melanie, Kohelet. Der Prediger Salomo, ATD 16,5, Göttingen 2015.

Krüger, Thomas, Dekonstruktion und Rekonstruktion prophetischer Eschatologie im Qohelet-Buch, in: ders., Kritische Weisheit. Studien zur weisheitlichen Traditionskritik im Alten Testament, Zürich 1997, 151–172.

Krüger, Thomas, Kohelet (Prediger), Biblischer Kommentar Sonderband XIX, Neukirchen 2000.

Lauha, Aare, Kohelet, Neukirchen 1978, Biblischer Kommentar 19.

Leuenberger, Martin, Gott in Bewegung. Religions- und theologiegeschichtliche Beiträge zu Gottesvorstellungen im Alten Israel, FAT 76, Tübingen 2011, S. 249–278.

Lohfink, Norbert, Kohelet, Würzburg 1980, Neue Echter Bibel.

Luther, Martin, Vorlesung über den Prediger Salomo. Annotationes in Ecclesiastes, 1522, in: ders., Martin Luthers Werke, Bd. 20, Weimar 1998, 1–203.

Michel, Diethelm, Qohelet, Erträge der Forschung, Bd. 258, Darmstadt 1988.

Michel, Diethelm, Untersuchungen zur Eigenart des Buches Qohelet, BZAW 183, Berlin u. a. 1989.

Muilenburg, J. A. Qoheleth Scroll from Qumran, in: BASOR 135, 1954, 20–28.

Näf Bernhard, Ruth, Glühwürmchen kannst du nicht pflücken. Gedichte zu Kohelet, Zürich 2024.

Saur, Markus, Gelassenheit. Eine Auslegung des Koheletbuches, Berlin u. a. 2023.

Schellenberg, Annette, Kohelet, Zürcher Bibelkommentare AT 17, Zürich 2013.

Schwienhorst-Schönberger, Ludger, Kohelet. Übersetzt und ausgelegt, Freiburg 2004, HThK 25.

Stemberger, Günter, Die Megillot als Festlesungen der jüdischen Liturgie, in: JBTh 18, 2003, 261–176.

Volz, Paul, Hiob und Weisheit (Das Buch Hiob, Sprüche und Jesus Sirach, Prediger, SAT 3.2) übersetzt, erklärt und mit Einleitungen versehen, Göttingen 1921[2].

Zimmerli, Walther, Das Buch des Predigers Salomo, Göttingen 1980[3], ATD 16/1,2, 123–253.

Zwingli, Huldrych, Schriften II und III, hg. von Thomas Brunnschweiler u. a., Zürich 1995.

Bildnachweise

S. 11: Ben Shahn, *Rex (Ecclesiastes, or The Preacher)*, Harvard Art Museums/Fogg Museum, Stephen Lee Taller Ben Shahn Archive, Gift of Dolores S. Taller, © Estate of Ben Shahn / 2026, ProLitteris, Zurich / M25528

S. 27: Franz Siard Nosecký, «Eruditio et sapientia vitam tribuunt possessori suo» (Prediger 7:13), Teil von: «Vera sapientia demonstratur», Allegorien der Weisheit mit Bezug auf die Klosterbibliothek, Standort: Prag, Kloster Strahov, Theologischer Bibliothekssaal, Position / Lage: östliche Reihe, 6. Feld von Norden, 1723–1727; Zentralinstitut für Kunstgeschichte, Photothek / Foto: Rudolf Schulze-Marburg

S. 30: Paula Gans, Beten beim Laubhüttenfest, 1920; Museum für Hamburgische Geschichte, Wikimedia Commons, Foto: Christoph Braun

S. 35: Franz Siard Nosecký, «Tradidit mundum disputationi eorum» (Prediger 3:11), Teil von: «Vera sapientia demonstratur», Allegorien der Weisheit mit Bezug auf die Klosterbibliothek, Standort: Prag, Kloster Strahov, Theologischer Bibliothekssaal, Position / Lage: Mittelreihe, 4. Ovalfeld von Süden, 1723–1727; Bildarchiv Foto Marburg / Foto: Rudolf Schulze-Marburg (Ausschnitte zudem auf S. 8, 24, 80, 98)

S. 38: Franz Siard Nosecký, «In thesauris sapientia intellectus et sci[enti]ae religiositas» (Prediger 2:26), Teil von: «Vera sapientia demonstratur», Allegorien der Weisheit mit Bezug auf die Klosterbibliothek, Standort: Prag, Kloster Strahov, Theologischer Bibliothekssaal, Position / Lage: Südwand, über dem Eingang, 1723–1727; Zentralinstitut für Kunstgeschichte, Photothek / Foto: Rudolf Schulze-Marburg

S. 83: Moritz Daniel Oppenheim, Das Laubhüttenfest, 1969 (Heliotypie nach einem Gemälde von 1967), Jüdisches Museum Frankfurt, Foto: Ursula Seitz-Gray

S. 85: Leopold Pilichowski, Sukkot in der Synagoge, 1894/1895, Jewish Museum New York

Dank

Mein aufrichtiger Dank für die Mithilfe und gute Zusammenarbeit geht an Michael Bock, Lili Bronner, Joachim Neef, Lisa Briner, Bigna Hauser und Dorothea Meyer mit allen ihren Mitarbeiterinnen und Mitarbeitern im Theologischen Verlag Zürich sowie den Teilnehmern am «Kohelet-Seminar» der Evangelisch-theologischen Fakultät der Eberhard-Karls-Universität Tübingen im Wintersemester 2024/2025. In besonderer Weise haben sich um das Manuskript verdient gemacht folgende Studenten des Seminars: Constantin Kühn; Lukas Lenz; Matthias Rau; Theodor Sinner; Axel-Francis Steeger.

Tübingen und Eichberg (Schweiz), 13. Oktober 2025
Heinz-Dieter Neef

Produktsicherheit

Hersteller:
TVZ Theologischer Verlag Zürich AG
Schaffhauserstr. 316, CH-8050 Zürich
info@tvz-verlag.ch

Verantwortlicher in der EU gemäss GPSR:
Brockhaus Kommissionsgeschäft GmbH
Kreidlerstr. 9, D-70806 Kornwestheim
info@brocom.de

Weitere Informationen bezüglich Produktsicherheit finden Sie unter:
www.tvz-verlag.ch/produktsicherheit